JN068822

昭和の鬼才　羽賀準一の剣道

第三部　わたしと羽賀準一先生

第四部　羽賀準一語録

序文にかえて

羽賀先生は気攻め、気位を大事にし面打ち体当たりで剣道の土台をつくった

大きく振りかぶって打て 左右のさばきにも重きを置く

わたしが羽賀準一先生の道場に入門したのは昭和三十七年四月でした。高崎商業高校から法政大学に進むことがきまり、高校の中島庫吉先生から「東京には羽賀準一というすばらしい先生がいるから、ぜひ指導を受けなさい」とすすめられたのがきっかけでした。大学入学前に神田にあった先生の武道具店にご挨拶にうかがったのをいまでも覚えています。

入門後は高校時代とはまったく違った剣道が求められました。大きく振りかぶって打つことを剣道の基本とし、先生にお願いするときはもとより、互格稽古、試合でもそれが求められました。群馬からインターハイに出場した当時のわたしの剣道は速さと巧さで勝負していましたので一種のカルチャーショックを覚えました。

スピードには限界があり、加齢とともに自然と衰え

羽賀準一

はが・じゅんいち／明治41年９月11日、広島県比婆郡東城町生まれ。大正15年、矢吹益一に剣の手ほどきを受け、同年８月、18歳のときに上京。養真館、猶勝堂と道場をわたり、本郷真砂町の有信館に落ち着き、中山博道に師事した。のちに中島五郎蔵、中倉清とともに、有信館三羽鴉と称される。昭和２年、宮内省皇宮警察部に就職、昭和６年に警視庁に転じた。昭和７年５月、宮内省皇宮警察部主催の済寧館武道大会・精錬証新進剣士五人総当たり試合にえらばれ、中倉清、小島主、森寅雄、和田金次を相手に全勝した。同年の第４回全国警察官武道大会では警視庁の大将として出場し、初優勝に導く。昭和９年、朝鮮にわたり京城帝国大学予科と京城本町警察署の剣道師範に就いて多くの若人を指導する。昭和20年、増田道義とともにフィリピンから帰国し、日本で終戦を迎えた。終戦後、苦難のなかも剣道を続け、昭和27年10月に全日本剣道連盟発足後、千代田区神田一ツ橋の国民体育館で指導をはじめ、この朝稽古会がいつしか羽賀道場とよばれ、羽賀没後、55年が経ったいまも伝統が受け継がれている。昭和41年12月11日没、享年58歳。羽賀準一については堂本昭彦著『羽賀準一剣道遺稿集』（島津書房）、近藤典彦著『最後の剣聖 羽賀準一』（同時代社）に詳しい。

羽賀は面打ち体当たりで剣道の土台をつくることを求めた(写真左)。何度もくり返し、水平移動の感覚を身につけさせた

この打ちを覚えたのちは、攻めに主眼を置かせました。中心をどんどんと攻め、間合を詰めていき、相手の隙を打つことを求めていました。羽賀先生の稽古というと荒稽古というイメージが先行しますが、考え方は繊細で非常に合理的でした。

ただし、稽古が烈しかったことも事実です。左片手横面から切り返して右片手横面、耳鳴りのするような烈しい連続打ちでした。間髪を入れずに放たれる胴も胃袋までずしりと重いものがありました。諸手突きも強烈で、剣先を喉につけたまま床を滑るような歩み足で壁際まで追い込まれたものでした。

羽賀道場の稽古は、直線的な動きにとどまらず左右へのさばきができます。羽賀先生が気攻め、気位を大事にしたのは、気は年齢を重ねても高めていけると考えていたからでした。若いときに力の限り打つのは、のちの気攻めへの土台づくりという意図もあったようです。

この力の限り打つことを覚える方法が面打ち体当たりでした。相手に思いきりぶつかることで体の移動の基礎をつくらせました。重心移動を覚えるには面打ち体当たりが合理的です。できるだけ水平に移動し、体当たり時も頭を前傾させず、身体を垂直にして腰からあたっていきます。この動作をくりかえすことで平行移動を身につけさせるのです。

にも重きを置いています。よって自然、体さばきは歩み足となります。右足前なら右への体さばきは容易でも、左へ変わるのは難しいように、横面を使うことが多い、羽賀道場の稽古では左右への自在なさばきに関わる歩み足を大切にしています。さらにいえば、一般に禁止されている足払いも使いますので、自在な足さばきが大切になるのです。

国民体育館朝稽古
いつしか羽賀道場とよばれる

そもそも羽賀道場は昭和二十七年に全日本剣道連盟が発足し、千代田区神田一ツ橋にあった国民体育館（現共立講堂）を拠点に柴田万策先生、渡辺敏雄先生、湯野正憲先生らが指導するようになった稽古会をもととしています。もっぱら朝稽古です。羽賀先生も元に立ったのですが、千代田区神田多町に剣道具の老舗「梅田号」を再興し、店舗をかまえていました。まいにち早朝自宅を出て、国民体育館で稽古し、そのあと店舗に行って仕事にたずさわるような生活をしていたようです。いつしか、この朝稽古の指導者は羽賀先生だけになっており、羽賀道場とよばれるようになりました。

羽賀道場にはじつにさまざまな職業や年齢の人びとがやってき

週刊現代

巨人を快進撃させた意外な人たち

あと25勝への戦力はこうして生まれた

華やかにとびかう五色のテープ、川上監督の胴上げ——早くも巨人優勝の瞬間を空想しているファンも多かろう。前半二位以下に大差をつけた巨人は、残り試合を二十五勝二十五敗でいけば、優勝予想ライン八十三勝に達する。ペナント獲得まではもう一歩だ。この優勝への大動脈はON砲や柴田、国松らの活躍である。しかしその陰で——ヒッソリとしかしガッチリ、優勝を支えている力がある。隠れたる巨人のこの戦力をクローズ・アップしてみた

ON砲をリモコンする

剣道界の第一人者　羽賀準一氏

85

羽賀のもとを訪ねたのは剣道愛好家だけではない。読売ジャイアンツの荒川博、広岡達朗、須藤豊、王貞治、大毎オリオンズからは榎本喜八などのプロ野球選手が入門して、竹刀による面打ちや真剣による巻き藁斬りなどを通じ、手の内の真髄を学んだ。その秘話は週刊現代、スポーツ内外などにも取り上げられた

ました。丸の内のホワイトカラー、神田界隈の商店経営者、かれらはいずれもどこかで羽賀先生に出会い、めぐりあうやたちまち魅了されてしまったのでしょう。中央大学、法政大学、東京大学、芝浦工業大学の剣道部の学生グループも通っていました。

そしていまでは信じられない話ですが、読売ジャイアンツの荒川博、広岡達朗、須藤豊、王貞治、大毎オリオンズからは榎本喜八などのプロ野球選手が入門して、竹刀による面打ちや真剣による巻き藁斬りなどを通じ、手の内の真髄を学んでいました。

羽賀先生亡きあと、その火を消すまいと園田直先生（元外務大臣）が初代会長となり一剣会羽賀道場を立ち上げ、五十年が過ぎましたが、二代会長の張東緑先生から引き継ぎ、わたしが三代会長となりました。今回、恩師の剣道をご紹介することの、重責を感じていますが、ここに恩師から受けた剣道をつづっていきたいと思います。

第一部

羽賀準一の剣道秘訣

構えと竹刀の活用

竹刀の握り方　重いものを前後左右に自在に振る

羽賀道場では、剣道と居合道は表裏一体の芸ととらえ、両道を学んでいます。羽賀先生は「居合の抜き付け、納刀以外はまったく剣道であると申してもさしつかえない。居合から見れば、竹刀打ち、すなわち現在の剣道は、居合にふくまれるといえ、剣道から見れば、居合は剣道の一部だともいえる」と述べています。

よって竹刀の握り方も刀を持つのと同じ握りにする必要があり、羽賀先生からは竹刀と刀は同じように握ることを指導されました。

竹刀は小指、薬指、中指と順番に力を入れて握るのが基本で、卵を握るように竹刀を握るように指導されています。しかし、羽賀道場では重い刀をしっかりと握ることを目的としていますので、鍔元から柄頭までいっぱいに握るようにしています。形上はわし掴み（づか）といわれる握り方ですが、重い物を前後左右に自在に振るには、この握り方が最適です。とくに開き足を使った片手面を使うにはこの握り方が欠かせません。近い間合で二本、三本、四本と連続技を使うにはしっかりと握っているほうが合理的なのです。羽賀先生は左片手横面から切り返して右片手横面と耳鳴りのするような烈しい連続打ちを出されていました。

竹刀の握り方
竹刀も刀を持つのと同じように握る。羽賀道場では重い刀をしっかりと握ることを目的としており、鍔元から柄頭までいっぱいに握る。開き足を使った片手面を使うにはこの握り方が欠かせない

竹刀の振り方

振りかぶりも水平、打突も水平、手元を落とす

剣道と居合道は表裏一体の芸。竹刀も刀を意識した使い方を常に心がけている

「思い切って捨てて打てば道が開ける。人生も同じ。自分のことばかり考えていては敗者になる。自分を捨てろ。それが勝つ秘訣だ」

羽賀先生からは日頃、捨て身の重要性を教えていただきました。剣道は大きく振りかぶって打つことを基本としましたが、そのままの剣道を義務づけていました。よって竹刀の振り方も刀と同じように大きく振りかぶって振り下ろすことを求めました。意識としては竹刀を床と水平になるくらいまで振りかぶり、同じく床と水平になるまで振り下ろす。手元から先に落ちていくように振るよ

うに指導されました。

肩から振り上げることができると余分な力が抜けて自然に竹刀が下りていくような感覚を得ることができます。この使い方を身につけてこそ、手の内をきかせた冴えのある技が出せるようになるのです。

羽賀道場では、実際に斬る体験（試し斬り）を通して手元や握りがしっかりしているか、刀の振りが正確かといった技術的な部分を確認するようにしています。それが試し斬りを行なう目的であり、それを竹刀剣道にも生かしています。

水平から水平に振る

竹刀の振り方も刀と同じように大きく振りかぶって振り下ろす。意識としては竹刀を床と水平になるくらいまで振りかぶり、同じく床と水平になるまで振り下ろす。手元から先に落ちていくように振る

構えのとらえ方

必然な変化をつくるのが構えである

構えた時点で打突部位を決めるのではなく、間合に入って相手を攻め、その反応に応じて打つことが大事。構えはその備えである

「攻めているときはどこを打つかはきめていない。攻めによる相手の変化に応じて技を選択するようにしている」

羽賀先生は生前、攻めからの変化の重要性を説いていました。構えた時点で打突部位を決めるのではなく、間合に入って相手を攻め、その反応に応じて打つことを強調されたのです。

技を正確に使うには間合が重要であり、正確な間合を感得するには構えが大切です。重心を身体の中心におき、前後左右いかなる動きにも対応できるような足構えをつくります。前に重心がかかりすぎると足払いをかけられますので、重心の置き場所は肝要です。

神道無念流では「必然の変化」を重視していたそうです。すなわち相手が動くところに的確に技を出す、相手が出てきたところに的確に応じるなど局面に応じた動きがあります。

羽賀先生は面を打ちたいときは面が空くように攻め、胴が打ちたいときは胴が空くような動作をしていたのかもしれません。人間は肉体、または心の訓練によって瞬時に変化できるようになります。これが技の変化であり、結果です。鍔ぜり合いから前にさばいて胴を打つこともありましたが、必然の変化だったのでしょう。

歩み足と開き足

歩み足　円滑な足の運用で驚懼疑惑を誘う

「人間、ハッとすると死に体になる」

羽賀先生からは剣道だけでなく社会生活を送る上でも右のお言葉をいただいていました。剣道では、相手と対峙したときに起こる望ましくない状態を驚懼疑惑（驚く心、懼れる心、疑う心、迷う心）とし、それを起こさぬようにすることを修行の目標としています。一方、攻める立場からすれば、その状態を起こすよう竹刀操作や間合取りで相手を攻めていきます。

羽賀先生は、このハッとする状態をつくるのに、歩み足を用いていました。歩み足は通常歩行と同じように右足・左足を交互に出したり引いたりする方法です。相手の状況において前後左右に

歩み足
歩み足は平常歩行と同じように右足・左足を交互に出したり引いたりする方法。相手の状況において前後左右に円滑に動くには歩み足が有効である。打ち間に入る過程で相手がハッとしたところに技を出す

円滑に動くには歩み足が有効です。歩み足でなめらかに動いて、間合にスルスルと入り、この過程で相手がハッとしたところに技を出していました。

感覚としては通常歩行と同じで自然です。羽賀先生は直線的な動きだけでなく、左右斜めの動きも大切にしていました。正面対正面では五分ですので左右に動き、側面正対いわゆる入り身となり、こちらが強い状態をつくって崩し、一本で決まらなければ二本、二本で決まらなければ三本と連続で仕かけていました。

開き足　いつでも崩れない体勢で技を出す

開き足は相手の打突に対して間合を調整しながら、かわして打つ足さばきです。右に開く場合は右足を斜め前に開いて左足を引きつけ、左に開く場合は左足を斜め前、もしくは後ろに開いて右足を左足に引きつけます。

羽賀道場では、一足一刀の間合から打ち抜くという動作は身体が伸びきって不安定になるのであまり遣いません。左右への体さばきを使って相手を崩し、瞬時に技を出すことを奨励しています。それには開き足を身につけることが必要不可欠であり、開き足を身につけるための稽古も取り入れています。

片手横面の切り返しがそれにあたるのですが、大きく身体を開き、右面、左面と打ち込んでいきます。横面を体得する稽古法としてももちろん有効ですが、左右の開き足を身につけるにも有効です。

この足を身につけるには重心が必ず左右の足の中心にかかって

開き足
開き足は相手の打突に対して間合を調整しながら、かわして打つ足さばき。右に開く場合は右足を斜め前に開いて左足を引きつけ、左に開く場合は左足を斜め前、もしくは後ろに開いて右足を左足に引きつける。入り身から変化する技を遣う羽賀道場では、この足を身につけるために横面の切り返しをくり返している

いることが必要となります。重心が前にかかりすぎていると腰が残りやすく、重心が後ろにかかりすぎていると後傾するので円滑な足さばきができません。

対人動作

剣道は一対一の対人動作です。こちらが面を打ちたい、小手が打ちたいと考えても相手にその隙がなければ打つことはできません。

剣道は精神的な要素を大きく必要とするもので、単なる打ち合い、当て合いではない。ほんとうの稽古、ほんとうの試合では当事者間に勝負を超越した醍醐味がある。この攻め合いの根底には対人動作がある

羽賀先生からは「崩れないということは実生活においてもきわめて重要」と教えられました。

剣道は相手の心と技を自分の心と技で攻めよ

羽賀先生が二十四、五歳の頃、斉村五郎先生に稽古をお願いしたとき、斉村先生に打たれた技を覚えているのに、羽賀先生ご自身が打った技は覚えていないという不思議な体験をされたそうです。

すなわち羽賀先生の技は心がともなっていなかったので、斉村先生の大きな技と心に翻弄されただけだったそうです。剣道は相手の心と技の欠陥を、自分の心と技の一致したもので攻撃しないと、真の勝ちということはできないということを理解したそうです。

このように剣道は精神的な要素を大きく必要とするもので、調子、拍子の単なる打ち合い、当て合いではありません。ほんとうの稽古、ほんとうの試合では当事者間に勝負を超越した醍醐味が生まれ、なんともいいあらわしようのない剣道のよさを感じるものがあるはずです。

上を攻めて下、下を攻めて上など上下左右の動きを駆使し、烈しく技を出す。決まらなければ一本が決まるまで打つことをめざしますが、対人動作が根底にあるのです。

突きからはじまる攻めの要諦

突き攻めで崩す

中心を常にけん制し、相手を制圧する

「技は突きから入るもの。他の技は突きからの変化である」羽賀先生は、攻めは突きからはじまることを強調されていました。攻め合いにおいて、いかにして相手に脅威を感じさせるように仕かけるか、いかにして相手の戦意を喪失させ、自分が優位な立場を獲得するかが攻めです。その攻めでもっとも恐怖心を起こさせやすいのが人間の急所である喉元、すなわち突きです。

突きは針の穴を通すような技ですので、成功する確率は高いとはいえません。しかし、たとえ突きが外れたとしても、そこから面、小手、胴と、さらに突き詰め相手を崩し、瞬時に二の太刀、三の太刀へと技をくり出します。羽賀道場では歩み足を基本とし

突き攻め

剣道は突くぞ突くぞと中心を攻めるところからはじまる。中心を常にけん制し、制圧しているからこそ相手もうかつに近づけず、そして他の技も生きてくる。突きを攻めることで手元が浮く(写真左上)、剣先が開く(写真左中)、肘が上がる(写真左下)などの反応が起きる。その隙に応じて二の太刀、三の太刀を選択する

ていますので、打突後、瞬時に体勢を変えたり整えたりすることができます。突きののち相手が後退すれば面、手元を上げれば小手、さらに肘まで上がれば胴と相手の隙に応じて技を選択します。

突きは危険という理由と、目上の者に対しては失礼という理由であまり使われなくなっていますが、本来の剣道は突くぞ突くぞと中心を攻めるところからはじまるものです。中心を常にけん制し、制圧しているからこそ相手もうかつに近づけず、他の技も生きてくるのです。

斬る竹刀操作

剣道は斬り合いから生まれた

羽賀道場の稽古はすべて「斬る」ことを想定としています。前半は居合、後半は面・小手をつけた竹刀稽古としているのは、どちらも刀で斬り合うことを前提としているからです。

現代剣道では左足の送り足の力を利用して床を踏み切り、遠くから踏み込む局面がよくありますが、足を上げて大きく踏み込む動作は不安定な体勢となり、足払いを受ける隙を与えることになります。現代剣道では足払いは反則になりますので、それで問題ありませんが、羽賀道場では足払いがあります。よって充実した気力で間合を詰め、体の崩れを必要最小限にとどめ、刀を扱う要領で技を出さなければなりません。

羽賀先生は突き攻めから入り、間合が詰まると、そこから電光石火のような小手を手の内の柔らかさと体さばきの鋭さできめて

斬る竹刀操作
羽賀道場の稽古はすべて「斬る」ことを想定としている。現代剣道では左足の送り足の力を利用して床を踏み切り、遠くから踏み込む局面がよくあるが、足を上げて大きく踏み込めば、どうしても前傾姿勢となり、足払いを受ける隙を与えることになる。羽賀道場では足払いもあり、よって充実した気力で間合を詰め、体の崩れを必要最小限にとどめ、刀を扱う要領で技を出すことにつとめている

いました。技が重く、ずしりと手元に響くものがありました。

羽賀道場では、竹刀操作においても、意識としては刀の操作と同じように頭上に竹刀を振りかぶり、腕の間から相手を見すえて打ち込みます。この際、大切にしているのは間合のやりとりです。虚実をうかがいながら隙に応じて技を出します。これが間の妙味であり、剣道の醍醐味でもあるのです。

一本になるまで打つ

激しく短い稽古をくり返す

一度、技を発したならばきまるまで打つ。一回の稽古が息をつく暇がない厳しい内容なので、稽古は「激しく短く」が基本。羽賀道場では、上手、下手関係なく息があがったら「やめます」と申し出ていいのが特色。疲れたら稽古をやめて、さがり、腹式呼吸で体勢を整える。

現代剣道では一足一刀の間合から技を出し、間合が詰まって鍔ぜり合いになると仕切りなおし、また触刃から交刃の攻防となることが少なくありません。しかし、一度、技を発したならばきまるまで打ち抜くという考え方が羽賀先生でした。

羽賀先生は左片手横面から切り返して右片手横面、間髪を入れず胴を放つなど、耳鳴りをするような烈しい連続打ちを放たれていましたが、一本をきめるまで打つということが根底にありました。

このように一回の稽古が息

をつく暇がない厳しい内容ですので、稽古は「激しく短く」が基本です。羽賀道場では、だらだら稽古をしません。目一杯攻めぎ合い、疲れたら「やめます」と申し出ていいのが特色です。一般的な稽古では先生が区切りをつけるまでやめられないものですが、当道場では疲れたら稽古をやめ、腹式呼吸で素早く呼吸を整え、体勢を立て直します。そもそもの稽古が気攻め鋭く対峙する打ち合いですから二、三分の稽古で息があがります。五分以上、行なうなどということは不可能です。

現代剣道では、大事な局面でもその都度縁を切ることが多く、すべからく呼吸を整え、一本一本、区切って再度の立ち合いに入るようですが、いつでも打てる呼吸と体勢を身につけることが肝心です。

稽古

切り返し　正面打ちに千本の価値がある

切り返しは正面打ちと連続左右面打ちを組み合わせたもので、基本動作を対人的な関係のなかで総合的に修得する稽古法です。間合の取り方、足のさばき方、上肢の遣い方、正しい太刀筋の修得など、その効果はたくさんありますが、羽賀道場でも重要視している稽古法です。

中段に構え、一足一刀の間合から正面を打ち、体当たりの後、左面から連続して左右面を打ち、中段に構えなおしたのちに一足一刀の間合から正面を打って終わる方法は通常の切り返しとと変わりはありません。ただし、羽賀道場では振りかぶって打つことを基本としていますので、切り返しも大きく肩を使い、竹刀

切り返し
切り返しは正面打ちと連続左右面打ちを組み合わせたもので、基本動作を対人的な関係のなかで総合的に修得する稽古法。大きく肩を使い、竹刀の打突部で相手の打突部位をしっかり打つことを意識し、最後の正面打ちまで気持ちを切らずに一気に打ち抜く

の打突部で相手の打突部位である面の中心部をしっかり打つことを意識しています。そして最後の正面打ちまで気持ちを切らずに一気に打ち抜くようにします。

また、切り返しは元立ちの受け方の技量によってその効果が大きく変わりますので、羽賀先生もとくに注意されていました。先生は、相手の竹刀を弾き返すような受け方ではなく、どちらかというと相手の力を吸収するような受け方でした。竹刀で受ける際は、打ち込む竹刀が面布団に届くぎりぎりのところで受け、ときには竹刀を外してそのまま面を打たせるなど充分に引き立ててくださいました。

体当たり 打ち込み体当たりの連続で水平移動を覚える

打ち込み体当たりは身体の水平移動を覚えるための基本動作として重点的に取り入れています。立合での体当たりは、打突後の余勢で自分の身体を相手の身体に当て、重心を崩し動揺させることによって、相手の気勢をくじいたり、相手の備えをかく乱したりして打突するためのものですが、羽賀道場では体当たりは身体の水平移動を覚えるために重点的に取り入れています。

羽賀先生は「打ち込むときの体は垂直である」と強調されていました。打突時、少しでも遠くから速く打とうとすると上体が前方に流れ、足元がおろそかになるものです。足払いのないいまの剣道ではそれでも打突部位をとらえれば有効打突になることもあ

体当たり

体当たりは打突後の余勢で自分の身体を相手の身体に当て、重心を動揺させることによって、相手の気勢をくじいたり、相手の備えを崩したりして打突するためのもの。羽賀道場では剣道人としての体躯づくりに加えて身体の水平移動を覚えるために重点的に取り入れている。竹刀は柄の中心部を交錯し、先端部を相手の左肩部分、袈裟のあたりに伸ばし、相手のヘソと自分のヘソをぶつけるような気持ちで体をぶつけ、この動作をくり返す

りますが、当道場ではそのような打突に対しては即、足払いで倒されてしまいます。よって常に重心は身体の中心部に置き、地面に対し、垂直に立ち、その状態で平行移動することが求められるのですが、体当たりをくり返すことで崩れない身体をつくることができます。相手のヘソと自分のヘソをぶつけるような気持ちで体をぶつけます。これが腰で打つ土台となります。

このとき、受ける側は右足を軽く一歩前に踏み出しながら下腹に気を入れて手元を下げ、左足を鋭く引きつけて腰をすえて受けます。通常の稽古では面打ち体当たりを七回から十回ほど受け、その後、切り返しを受けるようにしています。

かかり稽古

短時間で目いっぱい自分の技を出し切る

かかり稽古は、かかり手の意志によって打突する技を元立ちが無理な打ちや正しくない打突はしのいだり、かわしたりして打たせず、不成功を通してその非を悟らせ、正しい打突は打たせて打突のコツを体得させ、よりよい打突を出せるように引き立てるもの。かかり手は、打突の成否は念頭におかず、これまで習得したすべての技を自分の呼吸が続く限り、打ち込んでいく

かかり稽古は、技術の下位の者が上位の者にかかって稽古をつけてもらう方法です。よって、かかり手は、相手に打たれるとか、かわされるとかの打突の成否などは念頭におかず、これまでに習得したすべての技を自分の呼吸が続く限り、仕かけて打ち込んでいく稽古法です。

もともと羽賀道場では「短く、激しく」を稽古の基本としていますが、かかり稽古はさらに「短く、激しく」です。かかり手は、持っている自分の技をすべて出し切る覚悟で元立ちの隙に向かって打ち込んでいきます。

かかり稽古は、かかり手の意志によって打突する技を元立ちが見極めます。無理な打ちや正しくない打突はしのいだり、かわしたりして打たせず外します。不成功を通してその非を悟らせ、正しい打突は打たせて打突のコツを体得させ、よりよい打突を出せるように引き立てるものです。

効果的なかかり稽古を成立させるには元立ちが間合の取り方、打突の機会の与え方、かわし方、応じ方などを教示する重要な役割を果たしていることは周知の通りです。羽賀先生は技のつなぎ目、息のつなぎ目を許さずに攻め上げたので、かかり手はすぐに息が上がってしまいました。厳しく苦しい稽古でした。

足払い　体の崩れを気づかせる矯正法

足払いは現在の剣道試合規則では禁止行為とされており、そのためか稽古の場面においてもほとんど見ることがなくなりました。しかし、当道場では、どんな場面でも体勢の崩れない剣道を目的としており、その矯正法の一つとして、必要であれば足払いも日常的に行なっています。

足払いの方法はおおむね二種類あり、左足を相手の右足くるぶしにかけながら、竹刀を相手の左首付近を押さえて倒すもの、相手が前傾して面を打ってきたときに右にかわりながら左足で相手の右足の甲を押さえるようにかけて前方に倒すものがあります。

一方、危険なのは足をからめて相手を後方に押し倒すようなや

横に倒す
左足を相手の右足くるぶしにかけながら、竹刀を相手の左首付近を押さえて倒す

り方です。後頭部を強打する可能性が高く、大事故につながりかねません。このようなやり方は厳しく戒めています。

とくに元に立つ者には注意をうながし、初心者に対しては、足を払っても上体のどこかを押さえながら倒すようにしています。倒されることで徐々に転び方を覚えていき、いつのまにか支えがないまま倒されてもケガの心配はしなくなります。

羽賀先生は身体の崩れを嫌いましたので、弟子たちがそのような稽古をすると絶妙なタイミングで足払いを使っていました。ただし、「四十歳以上の人にはかけてはいけない」と注意していました。

前に倒す
相手が面を打ってきたときに右にかわりながら左足で相手の右足の甲をかけて前方に倒す

組打ち　すばやく相手の上に乗り、息を上げる

組打ちは竹刀での勝負がつかないとき、竹刀を落としたとき、足払いで倒されたときなどに行なわれるものです。その方法は、逆手を取る、倒れた相手の胴に腰を落として、面を片手または両手でつかんで手前に持ち上げる、また、この体勢で自分の両足を相手の面の下に入れて組み、そのまま面を持って左か右にねじ上げるなどがあります。

剣道は、道具をつけているため、一度、倒れてしまうと、すばやい身のこなしができず、すぐに起き上がることはできません。まして、相手に上から乗られては身動きをとることは不可能です。

そのため組打ちは、相手よりはやく相手の上になるかが勝負の

組打ち
組打ちは、逆手を取る、倒れた相手の胴に腰を落として、面を片手または両手でつかんで手前に持ち上げる、また、この体勢で自分の両足を相手の面の下に入れて組み、そのまま面を持って左か右にねじ上げるなどがある（写真は両手で相手の面をつかんで手前に持ち上げたもの）。剣道はあくまでも剣を遣っての技の勝負なので多用はさけたい

羽賀準一の組打ち

分かれ目となります。一度、相手に乗られ、これらの技をかけられると跳ね返すことは大変なことで息がつけなくなります。

羽賀先生の組打ちは気を一点に集中して相手の身体に全体重を乗せてきたのでまったく身動きがとれませんでした。大きな石が身体の上に乗っているようでした。組打ちは一気に息が上がります。その上がった呼吸を整える術を覚えるのも組打ちの意義といえるでしょう。

剣道は、剣を遣っての技の勝負ですので、組打ちをことさらに推奨はしませんが、自分を守るたしなみとして身につけておきたいものです。

短く激しく 一回の稽古ですべてを出し切れ

羽賀道場の稽古は一回の稽古ですべてを出し切ることを目的としています。「このあたりでやめておきましょう」という稽古ではなく、すべてが気一杯の稽古です。稽古のしかたが、対峙などほとんどする間もない打ち合いですから、すぐに息が上がります。

とくに当道場の稽古は火曜・木曜・土曜・日曜日の朝です。朝は仕事前であり、一日の仕事に支障をきたすような稽古では稽古をする意味がありません。短期集中で稽古をし、気持ちのよい汗を流して仕事に向かう。そこに朝稽古の意義があると考えています。

それには、稽古で全力を出し切ることが大切になりますが、中途半端な気持ちではなかなか出し切ることはできません。気を集中させ、技を通して気一杯の稽古を願うことが大切です。

羽賀先生の稽古は息を上げる稽古そのもので、ダラダラ稽古をなによりも嫌いました。相手に構える余裕を与えず、間合に入るや面、小手・面、片手面と間断なく技を出されます。手の内が柔らかいので二段、三段と続けて技を出すことが可能でした。

一回ごとの稽古にけじめがあり、お願いすると稽古が足りないという気持ちには絶対になり得ませんでした。

１回の稽古ですべてを出し切ること。短く激しく、全力で相手に立ち向かうことに稽古の意義がある

刀法

真剣 真剣を手にすることで稽古に真剣味が生まれる

すべては斬ることへと集約されているのが羽賀道場の剣道です。稽古の前半が居合、後半が竹刀稽古にしているのはそのためであり、使用する刀はすべて真剣です。模擬刀、居合刀などは一切使うことはなく、学生や入門して間もない会員が使用するのも羽賀道場で保管している初心者用の刃引きの刀です。

真剣
すべては斬ることへと集約されているのが羽賀道場の剣道。真剣を手にすることで稽古にも真剣味が加わる

私は大学入学と同時に羽賀道場に入門しました。そのときはじめて真剣を親から買ってもらったのですが、身の引き締まる思いをしたことを今でも覚えています。日本語でものごとに対し、遊び半分ではなく本気に取り組むことを「真剣」といいますが、文字通り真剣を手にすることで稽古に真剣味が加わったのは言うまでもありません。

もともと侍の刀は相手に対して抜く間もない緊急のときにそのまま切りつけるために鞘(さや)が割れやすいようにつくられています。よって納刀や抜きつけの際、あつかいを間違えると鞘が割れ、大きな怪我につながります。稽古においても周囲に気を配るなど、常に緊張感を伴いながら行なう必要があります。

羽賀先生は気の抜けた稽古を嫌いましたが、根底には真剣をあつかうことがあったからでしょう。真剣への接し方は竹刀の手入れ、剣道具の手入れにも反映されるので、自然と大切にあつかうようになります。

居合

剣道は表芸、居合は裏芸、両道は表裏一体

羽賀先生は有信館で中山博道先生に師事し、修行されました。現在、羽賀道場で学んでいる居合は、羽賀先生が学ばれた流派をそのまま引き継ぎ、大森流、長谷川英信流を主体に行なっています。

居合の鍛錬では、手足はもちろんのこと膝も腰も一致した動きが必要であり、平素から身体全体を動かして、刀を自己の身体のごとく使えるようになることを目標にして稽古を行なうことが大切です。

羽賀先生は「剣道は表芸、居合は裏芸。居合の抜きつけ、納刀以外はまったく剣道である」と説き、居合から見れば、竹刀打ち、すなわち現在の剣道は、居合に含まれる、ととらえていました。剣道から見れば、居合は剣道の一部だともいえます。

居合
剣道は表芸、居合は裏芸。居合の鍛錬では手足はもちろんのこと膝も腰も一致した動きが必要であり、平素から身体全体を動かして、刀を自己の身体のごとく使えるようになることが大切

演武は刀の舞ではなく、常に斬ることを根底にしていなければなりません。それゆえ、抜きつけなどのとき、鞘走りの音がしないよう心がけることが大切です。音がするということは力みがあり、両手の働きのバランスが悪く、引き手もできていないということです。

刀の振り方も「水平、直角」を羽賀道場では基本としていますが、これも斬ることを根底としているためであり、現代の居合と異なるところです。

試し斬り

斬る体験で剣道の技術を確認する

羽賀道場では、実際に斬る体験を通して「手の内が収まっているか」「刀の振りが正確であるか」など技術的な項目を確認するようにしています。それが試し切りを行なう目的であり、現在は夏合宿の折など年二回から三回のペースで行なうようにしています。

巻藁や畳表を斬るためにつくられた刀をおいている刀剣店もありますが、当道場ではそのような刀は使いません。巻藁、畳表を斬るためだけのものではない、侍が使っていた当時のままの普通に使われていた刀を使用しています。そのため手の内や刀勢に欠点があるとなかなか斬ることができません。

試し斬りにおいては、巻藁をつくる作業からはじめます。昔は米俵など巻藁をつくる材料が日常にもありましたので苦労しませんでしたが、現代においては、藁のむしろを巻いてつくる巻藁の作成法も次の世代に伝えておく必要性を感じています。

試し斬りは、斜めに切る袈裟(けさ)斬りと据物斬りの二種類を行なっています。右上から左下への表袈裟は比較的うまくいきますが、左上から右下への裏袈裟は難易度が高いものです。

直径十五センチくらいの巻藁一本で人間の胴に相当する手ごたえといわれていますが、手の内、刀勢等がしっかりしていなければ斬れないことは、体験すればすぐに理解できるはずです。

試し斬り
羽賀道場の試し切りは巻藁を盆上に置くだけで固定しない。実際に斬る体験を通して手の内が収まっているか、刀の振りが正確であるかなど技術的な項目を確認している

鍔ぜり合い

鍔ぜり合い　瞬時に崩して打った技に妙味がある

鍔ぜり合いは、もっとも緊迫した状態ととらえるべきです。足がらみ、組打ちが禁止されている現代剣道においては休んだり、一呼吸をおいたりする場面ととらえられがちですが、羽賀道場では足がらみ、組打ちもあります。間合が詰まった場面で気をゆるめたり、不用意に間合を詰めたりすればたちどころに足がらみの餌食となってしまいます。羽賀先生の足がらみも電光石火でした。

鍔ぜり合いからの打突の好機は、鍔ぜり合いに入った瞬間です。鍔ぜり合いは、鍔と鍔がしっかりと接した状態であり、間合がいっぱいに詰まり、大変緊迫した状態です。本来、容易に技を出せる状態ではないのです。よって鍔ぜり合いに入る瞬間、接近してぶつかる瞬間に相手をいかにして崩すかが技の要点となります。

鍔ぜり合いはもっとも接近した状態であり、腕前に差が出やすい局面です。一足一刀など踏み込んで打たなければいけない局面では出合い頭の事故で打たれることもありますが、鍔ぜり合いではそれがありません。

羽賀道場では、接近した状態でも安易に分かれるのではなく、そこから崩す、さばくなどして相手を打つことをめざしています。

鍔ぜり合い

鍔ぜり合いは、間合がいっぱいに詰まった緊迫した状態。容易に技を出せる状態ではないので鍔ぜり合いに入る瞬間、接近してぶつかる瞬間に相手をいかにして崩すかが技の要点となる

右に崩す

相手の左胸を右肩で崩す

羽賀道場では「一本になるまで打つ」ことを基本としており、それは間合が接近した鍔ぜり合いでも変わりません。そこで「崩し」を重視し、それによって相手の隙をつくるようにしています。

右への崩しは打突から鍔ぜり合いに入った瞬間に身体を寄せながら右肩を相手の左胸部にぶつけ左方向に崩すようにします。体当たりの際は歩み足を遣い瞬時に体を相手に運ぶようにします。

このとき、こちらの身体は右半身になっており、相手の左斜め前方にいます。この瞬間、間合を切り、面を打ちます。

崩すときは相手の不安定な状態を狙います。安定した状態では相手は容易に崩れないので、こちらが仕かけて打ったのち、まだ防御態勢から構えが整っていないときに瞬時に崩しを試みるのです。

羽賀先生は「必然の変化」という言葉を好んで使われましたが、仕かけたのちに右に崩したほうが得策と察知したときに、右肩を

右に崩す
右への崩しは打突から鍔ぜり合いに入り、入った瞬間に右肩を相手の左胸にぶつけ左方向に崩す。体当たりは歩み足を遣い瞬時に体を相手に運ぶようにする

相手の左胸にぶつけるのです。そして崩れた状態に応じて面、小手、胴と技を選択するわけですが、おおむね面に変化していました。面を打つときは速く打とうとすると技が小さくなるので崩すことを第一義とし、充分に崩れたところを打突することを意識しています。

左に崩す

左半身で相手の右斜め下を崩す

左に崩す場合は、鍔ぜり合いに入った瞬間、左足を出しながら相手の右斜め下から上に突き上げるような気持ちで、左半身で崩していきます。このとき相手は向かって右斜めに崩れますので小手が空いた状態になります。そこにすかさず小手を打ち込みます。

崩すときは上半身でぶつかるのではなく、下半身でぶつかります。相手の不安定な状態を狙うのは右の崩しと同様ですが、左の場合は左拳が中心になるので下から押し上げるように崩すことが有効です。相手の崩れた状態にもよりますが、小手に隙ができる

左に崩す

左に崩す場合は、鍔ぜり合いに入った瞬間、左足を出しながら相手の右斜め下から上に突き上げるような気持ちで、左半身で崩すことが多いです。羽賀先生は左に崩し、大きく振りかぶるようにして小手を打っていました。

羽賀先生の崩しは絶妙でした。相手の弱いところを察知してそこに体当たりやさばきを駆使して瞬時に相手を崩します。相手の力も利用していましたが、左の崩しも巧みでした。日頃から崩れることを戒めていましたので、反対に相手を崩すことを重視していました。

羽賀先生に稽古をお願いすると、鍔ぜり合いのときは弛んだ雰囲気ではなく、更に気が入り近間に入れば入るほど緊張したものでした。

面からの複合技

横面から小手 上半身に意識がいった隙に小手を打つ

今回から複合技の解説に入りますが、羽賀道場では基本的に小手を捨て技、見せ技にして面などに変化することはありません。あくまでも小手を決めにいき、それが失敗したら相手の隙に乗じて変化するものです。よって、すべてが羽賀先生の推奨した「必然の変化」の結果であり、技は無限にあります。今回より紹介する技だけが当道場の複合技ではないことをはじめに補足しておきます。

さて、左横面から小手ですが、左横面は片手を伸ばして打突す

だ場合、すぐさま体勢を整え、面に意識がいっている隙を利用して小手を打つ

るため遠い距離から攻撃することができます。しかし、片手のため打突の際の力や安定感が足りず、不正確になりやすいので有効打突に至らない場合があります。相手にとっては不意を衝かれた大技であり、防御一辺倒になることもあります。相手が体を沈めて防いだり、下がったりした場合、こちらの竹刀は空振りする可能性が高いので、すぐさま体勢を整え、面に意識がいっている隙に乗じて頭上から小手を打ちます。

不意を衝かれて左横面を打たれるので、相手はこれを防ぐだけで精一杯です。とくに意識は面にいっているはずですから、自然に面を防御するようなかたちで手元が上がります。そこに小手を打ちます。

面体当たり胴

鍔ぜり合いから面を誘い胴を打つ

現代剣道では、鍔ぜり合いから前に出て胴を打つことはまずありません。しかし、羽賀道場では必然の変化を旨としていますの

横面から小手

左横面は片手を伸ばして打突するため遠い距離から攻撃することができる。相手にとっては不意を衝かれた大技であり、防御一辺倒になることもある。相手が体を沈めて防い

面体当たり胴

面を打ち込むと相手が手元を上げて防御する場合がある。このとき瞬時に体当たりに入り、面を打つことを試みると相手の手元がつられて上がる。この変化を見逃さず、瞬時に手元を返して胴を打つ。相手との距離が近い場合は引き胴で対応する場合もある

で隙あらばその打突部位を積極的にとらえにいきます。

面を打ち込むと相手が手元を上げて防御する場合があります。このとき瞬時に体当たりで後ろに下がらせ、面前で振りかぶると相手の手元がつられて上がります。この変化を見逃さず、瞬時に手元を返して胴を打ちます。踏み込んで打ったときに相手との距離が近い場合は前に踏み込んでは打てないので鍔ぜり合いから引き胴を打つこともありますが、距離がある程度ある場合は右横にさばきながら前に出て胴を打つことが可能です。

胴は手を返し、右足から踏み込んで打ちますが、振りかぶりから胴打ちまでの動作が途切れることなく一連の動作となっていなければ滑らかに打てません。この滑らかな動作にするためにも、正面打ちからの体当たりは歩み足を用い、瞬時に体勢を整え、いつでも打てる状態をつくるようにします。

相手の手元を上げさせなければならないので面を脅かされるという気持ちにさせなければならないので、接近した際、相手の面を強く攻めることが大切です。

面から組打ち　相手の気のゆるみにつけ入り倒す

面を打ち込み、接近した際、相手の集中力が欠けていたり、居ついていたりした場合は足払いや面をつかんで倒すこともあります。当道場ではどんな場面でも体勢が崩れない剣道をめざしており、その矯正法の一つとして足払いや組打ちを日常的に使っています。

現代剣道では鍔ぜり合いは身体を休め、鋭気を養うような状況になりがちですが、鍔と鍔が迫るほどの距離であり、一瞬たりとも緊張をゆるめてはいけない場面です。そこで集中力を欠く、気持ちをゆるめたと感じた際は、それを悟らせるために倒すのです。面を打ち、間合が詰まった瞬間、相手の気分を察知します。

矯正法ですので相手にケガをさせてはなりません。そのため足払いは横に倒すか、前に転ぶように倒します。足をからめて相手を後方に押し倒すようなやり方は、後頭部を強打する可能性が高く、大事故につながりかねないので、このようなやり方は厳しく戒めています。

羽賀先生は崩れない剣道を求めていましたので、気の弛んだ剣道、体幹の崩れた剣道をもっとも嫌っていました。弟子たちがそのような稽古をすると絶妙なタイミングで倒されました。倒された本人もなぜ倒れたのかわからないような早業でした。

面から組打ち

面を打ち込み、接近した際、相手の集中力が欠けていたり、居ついていたりした場合は足払いや面をつかんで倒すこともある。倒す際は相手にケガをさせないよう後方に倒すことはせずに細心の注意を払う

小手からの複合技

小手から横面

手元を意識させ、横面を打つ

小手は、四つの打突部位のなかでもっとも相手に近い部位でありますが、その分、心気力を充実させて打たなければ手打ち、小手先の打ちといった不充分な打突になりやすくなります。したがって他の部位以上に気持ちを充実させて打つことが求められるといえます。その充実した技が出たとき、たとえ有効打突に至らなくても次の打突につながる好機へとつながるのです。

小手から左横面への複合技は、小手打ちに対して後方にさばいた場合、右かすみに防いだ場合などに遣います。小手を防ごうとすると相手の剣先が下がり、中心から外れますので面が空いた状態になります。

その空こうとする瞬間に左に身体を開いて左横面を打ちます。左横面は片手を伸ばして打突するため、相手が後

小手から横面
小手を防ごうとすると相手の剣先が下がり、面が空いた状態になる。その空こうとする瞬間に左に身体を開いて左横面を打つ。左横面は片手を伸ばして打突するため、相手が後方にさばいたときでも相手をとらえやすい。腰で打つことが重要

方にさばき、距離が開いたときでも相手をとらえやすい技です。ただし、片手のため打突時に崩れやすいので、しっかりと腰で打つことが重要となります。

打突の際は相手の横面を狙って打ち込みますが、こめかみと耳のあいだあたりをめがけて打つと空振りを防げます。いずれにしても一本目の小手を本気で打ちにいくことが大切です。

小手から突き

相手の居つきに腰で突く

小手を打ち込み、手元が下がり、その場で居ついた際はそのまま腰で突くこともあります。突きは、右足を踏み込みながら両手の手の内を内側に絞り込み、両肘を伸ばして突くものですが、その際、手で突こうとすると腰が残り、姿勢が崩れるので腰の重心移動で突くことが大切です。

日本剣道形三本目で仕太刀が突きから突きへの気勢で位詰めで進みますが、意識としてはこのようなイメージで突くと技の崩れが少なくなると考えています。

羽賀先生はこの小手からの突きをよく遣われました。竹刀が喉元に迫ってくるというよりは、身体がすべて垂直に迫ってくるような威力でドーンと突きました。身体で突くので数メートル飛ばされることもありました。小手から突きへの変化が絶妙でした。

また、後方へさばいた場合も、羽賀道場では歩み足を遣いますので、小手

小手から突き
手元が下がり、その場で居ついたような際はそのまま腰で突く。突きは、右足を踏み込みながら両手の手の内を内側に絞り込み、両肘を伸ばして突くが、手で突こうとすると腰が残り、姿勢が崩れるので腰の重心移動で突くことが大切

から突きへの移動が送り足に比べて円滑に行なうことができます。右足を踏んで小手を打ち、その後、相手が居ついたと判断したら左足を一歩前に出し、そのまま右足を出しながら諸手で突きます。

送り足に比べて間合を取りやすいので後方へさばく相手にも突くことが可能となります。

小手から逆胴

横面をかわして逆胴を打つ

逆胴は相手の左の手元が上がった場合に打つ技ですが、羽賀道場では左手元を大きく上げる三所よけを戒めているので打つ場面はあまりありません。しかし、横面にきた場合は、大きく手元が上がるので逆胴を打つ機会が生じます。

この技は、こちらが小手を打ち、相手がその小手をしのぎ、さらに手元の下がりに乗じて左横面を狙ってくるところに瞬時に手元を返して逆胴を打つものです。

逆胴は、相手の構えが変化したところをとらえて打突することが常道です。よって前提として相手の構えを大きく崩すことが大切になります。

まずは小手を本気で狙う意識で間合を詰め、機会に応じて技を出します。その気持ちで技を出さないと、次の一本につながりません。剣道では初太刀

小手から逆胴
小手を打ち、相手がその小手をしのぎ、さらに手元の下がりに乗じて左横面を狙ってくるところに瞬時に手元を返して逆胴を打つ。逆胴は、相手の構えが変化したところをとらえて打突することが常道。相手の構えを大きく崩すことが大切

を大切にしていることは周知のとおりですが、この技はとくに一本目の小手の質で変わってきます。

小手から胴への変化は縦筋の打ち（面・小手）から横筋の打ち（胴）に変化するので、ややもすると竹刀の動きが大きくなり、姿勢が崩れやすくなるものです。重心移動に注意し、常に腰から始動することを意識します。

突きからの複合技

突きから小手

突きを防いだ浮いた手元に小手を打つ

突きから小手
こちらの諸手突きに対し、相手が手元を上げてさばいた際は瞬時に体勢を整えて小手を打つ。突いたあとは体勢が崩れやすいので腰から突くことが重要

諸手突きは右足を踏み込みながら両手の手の内を内側に絞り込み、両肘を伸ばして相手の咽喉部を突くものです。打突部位が他の三ヶ所に比べるときわめて小さく、難易度の高い技といえます。

現代剣道では稽古においても突きを出す局面は少なくなっていますが、当道場では機会と察知したら突きも積極的に出すようにしています。羽賀先生は「技はすべて突きからはじまる。突きから変化する」とよく言われていましたが、突きは相手を崩すには有効な技です。

突きから小手の複合技は、諸手突きに対し、相手がその場でさばいた場面などで遣います。間合が極端に詰まっているときは後方に距離をはかりながら浮いた手元に小手を打つこともあります。

突いたあとは体勢が崩れやすいので、まずは腰から突くことが重要です。上半身主体で突くと、突きそのものの正確性を欠くだけでなく、体が流れ、次の技が出せません。瞬時に体勢を立て直せる体の運用を身につけておく必要があります。

小手を打つ際は、相手との距離をはかり、手元の崩れを察知し、手の内を利かせて振り下ろすようにします。相手の虚をつく技ですので、機会のとらえ方が重要となります。

突きから面

後退してさばいた隙に面を打ち込む

諸手で突き、相手が後退してさばく、もしくは突きの威力で後退したような場合は、そのまま距離を詰めて面を打ち込むこともあります。前方に踏み込む、後方にさばきながら打つなど間合によって打ち方を変えます。相手が大きく間合を切ったときは追い込みながら横面で対応することもあるでしょう。

羽賀先生の突きは大きな壁が眼前におおいかぶさってくるような威圧感がありました。重心移動の際の崩れがないので、正対したままこちらに迫ってくるのです。そして諸手突きでドンときます。手先ではなく身体ごと突いてくるので、その威力に圧倒されました。ただ、強烈ですが、痛いという感触はありません。それだけ機会をとらえるのが巧みだったのだと思います。そして突きで相手を後退させると息つく間もなく面や胴を、ときには左右の胴を返して打

突きから面
諸手で突き、相手が後退してさばいた際は、そのまま距離を詰めて面を打つ。相手が大きく間合を切ったときは片手面や横面で対応することもある

っていました。

また、竹刀が相手の後方に抜けた場合は体当たりで崩して打つ方法もあります。竹刀が抜けると鍔ぜり合いの距離まで接近していることが多いので、歩み足を用いて瞬時に体当たりをして相手の体勢を崩します。そして崩れた隙に応じて技を選択するのですが、裏から崩した際は面に隙が生じやすくなります。

突きから面・胴

面を意識し、上がった手元を胴に変化する

諸手で突き、相手との距離が接近し、面を試みる。その面も相手が防御しようとしたときは、そこから胴に変化することもあります。

面から胴の変化は上から下です。胴は右足を踏み込みながら竹刀を振りかぶり、頭上で手を返して右胴を打つものですが、右へさばく動作が入るので体勢が崩れやすくなること、刃筋が通っていない平打ちになりやすいので注意が必要です。

三段打ちの複合技は、とくに打突の勢いとあいまって上体が崩れやすくなります。どうしても打突部位を一刻もはやくとらえたいという意識になりますので、手打ちになりやすいものです。

連続技は、一本一本の打突に全力を注ぎ、技がきまるまで連続して打突することが大切です。連続して打突する過程において、こちらが仕かけた技の成否と、

突きから面・胴
諸手で突き、相手との距離が接近し、面を試みる。その面も相手が防御しようとしたときは瞬時に胴に変化する。三段の複合技は打突の勢いとあいまって上体が崩れやすくなるので姿勢に注意する

相手の変化や機会を見極めて技を遣うことが大切になります。

面から胴への複合技は、相手が面を防御して反攻しようとすることを察知した瞬時をとらえてすかさず胴に変化します。単調に一定のリズムで打突するのではなく、間合の遠近によって足のさばき方や技の出し方に違いが出てきます。そのことを理解して技を遣うことが大切です。

胴からの複合技

胴から逆胴

手の内をきかせてすばやく胴を切り返す

胴は右足を踏み込みながら竹刀を振りかぶり、頭上で手を返して相手の右胴を打つものです。相手の構えの変化によって逆胴を打つ場合もありますが、羽賀道場では左手元を大きく上げて防御する三所よけを戒めているので左胴があくことは少なく、逆胴を打つ機会はまずありません。

ただし、ここで紹介する胴を切り返すような局面では遣う技であり、羽賀先生も稽古においてパン、パンと鋭い手の内で遣っていました。

この技は、打ち間に入り、大きく振りかぶり相手が面を防御したところにすばやく胴、逆胴と打ちます。羽賀道場は一本一本の技を打ち切ることをめざしていますので、この技は相手にできた隙を悟らせる意味もあります。

羽賀先生の攻めは強く、大きく高い壁が迫ってくるようでした。それゆえ、どうし

胴から逆胴
打ち間に入り、大きく振りかぶり胴、逆胴と切り返す。強い攻めで手元を上げさせることが肝要

ても恐怖心から面を防ぎたくなり、大きく手元が上がります。そこに羽賀先生は鋭い手の内で胴を打っていました。

胴は上肢の関節を柔らかく遣いながら手首を返して打つ、左右の肘を伸ばしながら打つ、腰を引かないことなどが要点となりますが、羽賀先生の遣い方は真似できるものではありませんでした。

胴から右横面

居つきを察知、開き足で横に変化する

胴を打ち、相手が手元を下げて防御する、または竹刀で打ち落とすように防御したような場合は、間合が詰まっているので右にさばいて右横面に変化することもあります。この技は相手が防御したまま居ついたときに有効です。

羽賀道場では開き足を覚えるために横面の切り返しを取り入れています。これは大きく身体を開き、右面、左面と交互に打ち込んでいくものですが、胴が失敗したと判断したら瞬時に、その横面を打ちます。

横面は竹刀を斜めに振るので遠心力が働き、姿勢も崩れやすくなります。竹刀に振りまわされるようでは正確な打突はできませんので、中心軸を安定させ、腰から振るような気持ちで打ちます。

羽賀先生は近間でこちらの気持ちがゆるんでいると判断するやすぐに横面が跳

胴から右横面

胴を打ち、相手が防御したまま居ついたときには大きく身体を開き、右横面を打つ。横面は竹刀を斜めに振るので遠心力が働き、姿勢も崩れやすくなる。中心軸を安定させ、腰から打つ

んできました。剣道の隙には構えの隙、動作の隙、心の隙の三つがあります。心の隙はかたちにあらわれにくいので察知しにくいものがありますが、羽賀先生は彼我のやりとりのなかで瞬時に感じとっていたのでしょう。

いつでも気をゆるめてはいけないということを、稽古を通して伝えたかったのかもしれません。

胴から小手

間合が詰まったところを小さく鋭く打つ

胴を打ち、相手が左足から左斜め後方に体をかわしたような場合、手元が上がっている場合は左にさばいて小手を打つこともあります。前方に踏み込む、後方に引きながら打つ、その場で打つなど、間合によって打ち方は変わります。

小手は面・小手・胴・突きの四つの打突部位のなかでもっとも移動性があり、それゆえもっとも近くにあるにもかかわらず、瞬時にとらえることが難しい技といえます。とくに近い間合からの小手打ちは手の内がきいた冴えのある技が求められるので腕の使い方、間合の取り方、手の内の使い方などに巧みさがなければなりません。技の妙味がでるところです。

胴を打ったあとは間合が詰まっているので、一般的には鍔ぜり合いに入るか、仕切りなおす局面です。しかし、羽賀道場ではひとたび技を出したらきまるまで

胴から小手
胴を防いだとき、相手の手元が上がっている場合は左にさばいて小手を打つ。近い間合からの技になるので腕の使い方、間合の取り方、手の内の使い方などを巧みにすること

打つことを目標としているので有効打突になるまであきらめず、その可能性を探ります。

鍔ぜり合いで身体が接近する近い間合での攻防は偶然の打ちがきまりにくく、実力差が出やすいものです。相手の呼吸や間合、心理などを瞬時に察知し、相手の気のゆるみをとらえる意識が正確な打突につながります。

〓羽賀準一が残したことば〓

打てる相手は打たない。攻めて呼吸を上げること

技は千変万化です。羽賀先生の技の鋭さ、巧みさについてはこれまでくり返し述べてきましたが、「打てる相手は攻めよ」といわれていました。力量に差がある場合は打つこと自体が無駄なことで、理合を大切にして攻めて相手の呼吸を上げさせることに目的を置く稽古が上達につながるのです。

俳優高倉健に居合の指導をする羽賀準一

羽賀先生は遊び稽古をもっともきらいましたので、どんな相手でも目一杯真剣に稽古されました。よって攻めも強く、打とうと思えば簡単に打てたはずです。しかし、あえて打たず、相手との間合をはかりながら呼吸をあげる稽古をされました。

「打てる相手は打たないで攻めよ」といわれたのは間合と気を重視したからとわたしなりに解釈しています。

羽賀道場は朝稽古です。朝の限られた時間で効果を上げるには気のあり方が重要となります。稽古を技の仕方や手法のみに絞ったのでは貴重な時間を割いて稽古をする意義は乏しく、また剣道としての意義も薄くなってしまいます。

剣道において気のない技、気のない稽古はあってはならないものです。気位のない稽古は相手を無視したり、侮辱したりすることになりかねません。羽賀先生は、若い我々にそれを戒めていたのだと思います。

剣道は、正気のぶつかり合いから、相手の気の隙間や気の崩れを攻めて技を出し合うことが本道です。気のないところから出た

思済館の稽古にて上段から面を打たんとする羽賀

技は技ではなく、技は気から発生されるものでなければ本物の技とはいえません。

正面玄関から正々堂々とした気攻めによって挨拶をし、その後、奥座敷に入っていくことが剣道です。裏口や勝手口から入ったり、挨拶もせずに奥座敷に上がったりすることは剣道の本来の姿とはいえないでしょう。

羽賀先生の間合取りはとにかく巧みでした。時間的な間合を羽賀先生は「時計にたとえれば振り子が左右に振動するその中間、相手の心の動きに生じる瞬間的な間隙である」と表現していましたが、この間隙を巧みに利用されていました。

いま考えると呼吸の変わり目だと思うのですが、ここを攻められると息を吸うことができず、当然、こちらは苦しくなります。それをくり返していけば当然、息は荒くなり、最後は呼吸が上がってしまうのでした。

反省は上達の母。五分でよいから稽古をふりかえれ

稽古はねらいのないままただ漠然とやっていても効果は上がりません。「今日は竹刀操作を工夫してみよう」「体さばきに注意してみよう」など、課題をもって稽古に臨むことが大切です。

このように目的をもって稽古に臨むと注意がそこにいきやすく、打ち合いのなかで歩合が悪くなることがあります。しかし、ここではどんなに流れが悪くなっても目的を遂行することを優先します。そこに反省が生まれ、次の稽古の課題が生まれます。

歩合が悪くなるとどうしても「打たれたくない」「打ってやろう」などという意識が起き、当初の目的に対する意志が薄れてしまうものです。ここが稽古のつらさではありますが、「打った打たれた」に終始していては上達しません。

朝稽古終了後、談笑する。写真右は内閣官房長官、外務大臣をつとめた園田直。羽賀の門弟で初代一剣会羽賀道場会長

よって稽古後の反省も「打った打たれた」という話題で終わったのでは材料に乏しいでしょう。なぜあの場面で打つことができたのか、また打たれてしまったのか、結果や過程に対する点検と分析が大切です。これが次の稽古の課題になるのです。

わたしたちは稽古が終わると、先生の武道具店に行き、お茶をごちそうになるのが常でした。いただきもののお酒もいっぱいありましたのでときにアルコールが入ることもありましたが、その日の稽古の反省点をふくめ、いろいろなお話をしてくださいました。

昭和38年、王貞治に面を打たせる羽賀。当時、巨人軍は黄金時代。その活躍の裏側に羽賀の指導があり、マスコミにも取り上げられた

その伝統がありますので、現在も土日の稽古の後は近所の喫茶店に寄り、今日の稽古の反省をふくめ、いろいろな話をするようにしています。

羽賀先生が「五分でよいから稽古の反省をせよ」とすすめたのは、反省のない稽古に上達はないからです。近年はビデオも普及し、自分の姿かたちは容易に見ることが可能となりましたが、当時はそれができません。

第三者に指摘してもらうしか、自分の欠点を知る術がなかったのです。互いに長所・短所を指摘しあうことが自身の剣道の点検・確認となり、そのことがそれぞれの向上につながっていくのです。

武道具店での話は剣道だけにとどまらず、人生のこと、社会情勢のことなど広範囲にわたりました。羽賀道場の入門者は剣道修行者にかぎられていません。読売ジャイアンツの荒川博、広岡達朗、王貞治、大毎オリオンズから榎本喜八などのプロ野球選手も入門していました。このような別の分野の人々も羽賀道場の門を叩いた背景には、羽賀先生の剣道技術もさることながらお人柄も多分に影響していたと思います。

心の問題が重要。社会で通用する人間になれ

羽賀先生は「大学で指導すべきは心の問題」と常々いわれていました。すなわち大学に入学と同時に、剣道を心の問題としてとらえ、静中動、動中静、呼吸などの問題をしっかりと勉強し、社会の一員となり、実社会の勉強をすることが大切なことであり、その基礎を剣道で学ぶのだと推奨されました。剣道をもって生涯にわたって人間的勉強をすることこそ、真の剣道を学んだといえるのです。

「君たちは剣道の専門家になるわけではない。勝敗より社会に出て通用する人間になりなさい。そのために剣道を学ぶべき」とよく言われていました。

技の段階は二十歳までに終了することが可能です。もちろん技の修錬は終生最後まで怠るべきではないのですが、心の問題と併進して勉強すべきです。

「剣道は調子・拍子ではなく、気でするもの。気の剣道を勉強していれば半年、一年、稽古を休んでも力は落ちない」とも言われていたのをよく覚えています。

昭和38年、羽賀が指導した芝浦工業大学が第９回関東学生剣道新人戦で準優勝を果たす

それと関連して強調されたのが、呼吸のことでした。呼吸の種類を大別すると、荒い呼吸、普通の呼吸、弱い呼吸の三つになります。荒い呼吸とは、病気で熱が出たとき、腹を立てたとき、運動をして疲労したとき、弱い呼吸とは病弱な人、不健康な人、普通の呼吸とは健康な人で怒ったり驚いたりしないときのものです。

剣道修行者は、いかにはげしく打ち合いをしてもできるだけ平常の呼吸ができることが求められます。しかし、激しい運動をしたときに、呼吸が荒くならない方法はありません。修錬によりいくらか呼吸を荒くならないように長引かせることは可能ですが、もっとも大切なのは激しい運動のあいだに、いかに呼吸を調節し整えられるかです。

激しい打ち合いのあとでもすぐに呼吸を整え、一秒でもはやく平常の呼吸に戻すことが稽古を通して可能となるのです。この呼吸を実社会で活かすことを羽賀先生は求めました。

人は怒ったときは呼吸が荒くなり、びっくりしたときは呼吸が止まるものです。商売をするにしても感情が高ぶっては問題になりません。お医者さんが患者を診察し、手術するときに呼吸が乱れては手術になりません。有事のとき、いかに平常心でいられるのかを、剣道を通して学ぶことを常に求めていたのです。

わたしも、仕事のなかでさまざまな問題に直面し、処理などにあたることがあるのですが、羽賀先生の教えが生きていると常々実感しています。

第二部　羽賀準一と居合

居合概論

戦後学校剣道が復活し私が通学する中学校にも剣道部が発足した。二年生のときだった。友人に誘われて入部。高校、大学と剣道部で活動した。居合を始めたのは昭和37年4月大学入学と同時に先師羽賀準一に師事したときからで、以来剣道と併行して60年余りに渡り稽古を積み重ねている。

昭和30年代に入り剣道は復活し盛んになりつつあったが居合に関心を示す人は少なかった。今では一般的になっている合金の居合刀は無く現代刀も少ない時代で刀はその頃でも高価だった。居合人口を増やすためか全剣連は剣道と同じ段位を授与するという横すべりの方針を採って昇段審査を行い奨励した。この目論みは居合による刀法を習得することで剣道のスポーツ化を再考させようとした施策ではなかったのだろうかと推量するが斯道は低調のままだった。60年余りの年月が経ち居合人口は増加しているが本来ひとつの道としてあるべき剣道と居合は別々の道を歩み二分化してしまっている。

私は先師のお世話で刀を入手することが出来て大学へ入学した四月から居合を学び始めた。二尺五寸二分（約76・4センチ）の直刃。当たり前のことだが研ぎ澄まされて刃が付いた切れる真剣を手にしたのは初めてのことで嬉しさよりも緊張したのを記憶している。刀身の重さは九百グラム反りは1.9センチだった。因みに私の身長は一六六センチ、流派によって刀の長さ等はまちまちだが先師は身体能力を最大限に使いこなすという意味あいから弟子それぞれの身長に応じて長寸の刀を推奨した。抜き付けでしっかり鞘引きをするのも全身を無駄なく使うということからの発想である。

稽古事を始めるには順序段階があり居合も同様で最初は素振りから始める。刀を振りかぶり斬り下ろす。単純な動作だが初心者から熟練者まで最も大切な所作である。息を吸い込みながら刀を頭上に水平か、剣先をやや上げ気味に振りかぶり息を吐きながら一気に水平まで斬り下ろす。剣道で大きく振りかぶって面や小手を打つ感覚と同じ要領である。剣道と居合は相互に作用して刺激しあう関係にあり臍下丹田（下腹部）に気を込め呼吸を調えながらこの素振りを繰り返す。

現代居合の多くは有信館、中山博道師が伝導した大森流、長谷川英信流とその奥居合の影響を大きく受けている。先師は戦前からの一大勢力であった有信館で中島五郎蔵、中倉清とともに三羽烏といわれた逸材であった。その技風は独特で別格の剣風をみせていた。居合は抜き付けと納刀を除けば剣道である。ということが自論であった。先師の刀の斬り下ろしは剣道の打ち下ろしと同様に、直線的で円を描く山なみではない。居合の根幹ともいえる

抜き付け

斬り下ろしの軌跡が中山博道師と相異することに居合感の異なりを懸念していたのだろう。命がけで妥協しない剣道を追究した先師は居合においても独自の刀法を作りあげた。いつのことであったか、中山博道師の居合について尋ねたことがあるが先師は答えなかった。神道無念流系の道統を継承する有信館の中で守破離の実践でもあった。古来より著名な剣術、剣道家の術技は時代が変遷する中で理念の継承はあっても実技は変化してきたのだ。一人一派であり初代が末代で技風をそのままにコピーすることはないという証左でもある。

真剣の素振りで基本動作を習得

私自身刀を振り続けて60年を越えた。先師の直線的に斬り下ろす刀法は剣道の振り下ろしと同然で理に適い真正であると確心する。剣道と居合の稽古を併用する人は少ないが、〝竹刀は刀の替り〟と唱える剣道家は多い。居合のこの山なみの振り下ろしを不

真剣による素振り

合理と思わないのか、感心が無いのか、指摘する人は少なく私は不思議に思う。

当会では刃筋の確認のために試し斬りをするが山なみの振り下ろしで斬ったときと直線的に振り下ろして斬ったとき、その斬れ味は大きく異なる。刀は刃が付いているからそれなりに斬れるがその差は雲泥で山なみの斬り下ろしでは殆んど斬れないといっても言い過ぎではない。

居合の基本といえる素振りは自然歩行で前後左右の歩み足である。振りかぶるとき左足を一歩前に出し斬り下ろすとき右足を踏み込む。柄の握りは右拳を鍔元の縁金部分を余して柔らかに鷲掴む。左拳は刀の長さ重さにもよるが指一本か二本を空け、後部分は余して掴み、両拳は自然に傾斜させる。刀は竹刀より重いから素振りの際手首の関節を使うと痛める原因になるので、手首の関節は固定する感覚で斬り下ろす。正確に刀を振るということは居合で最も大切なことで、次の段階に進むには早い人でも三～六カ月位はかかるだろう。素振りの後は納刀の稽古に進む。技術的なことは省くが、納刀が出来るようになると大森流、一本目、初発刀の稽古に入る。

納刀

居合の原点となる初発刀

初発刀は正座、抜き付け、振りかぶり、斬り下ろし、残心を示しながら血振いをして納刀、元の位置に戻って正座する。初発刀は居合総てに通ずる技で正確に修得することが肝心である。

二本目以降は応用ともいえるこなし技で迷ったら原点の初発刀に戻り正確に抜けるよう調整する。剣道は実際に打ち合う中で間を計り欠点やくせの矯正が出来るが居合は相手が仮想だからひとりよがりの自分勝手の所作になり易い。形の正確さを確認するには鏡に向かい姿を写し出して整える。鏡の前での矯正は鏡に気をとられ怪我の誘因となることがあるのであくまで形の修正のためだけに用いるようにする。

剣道は今、時代が移り変わる中でひとつの大きな流れとなって統一されてきた。世界にも普及する中、良し悪しは別にしてスポーツ化が急速に進み武道としての感覚を持つ剣道家は絶滅の危惧に瀕している。一方で居合道界は百家繚乱の様相を呈しているが、剣道と両立させている居合道家は少ない。打ち間を経験したことのない居合道愛好家が増えて居合そのものに気迫が欠如して形有先に形骸化が進んでいる。居合は剣舞ではない。武道としての形態理念は亡失し仮想の敵に対して最も大切な機を制して抜き付け、追い込んで斬り付けるという究極の動作そのものが緩慢で残心とは思えない悠長な間ばかりをとっている。刀の柄に手を掛けてそろりそろりと抜き付ける。そこまで待ってくれる敵はいないだろう。

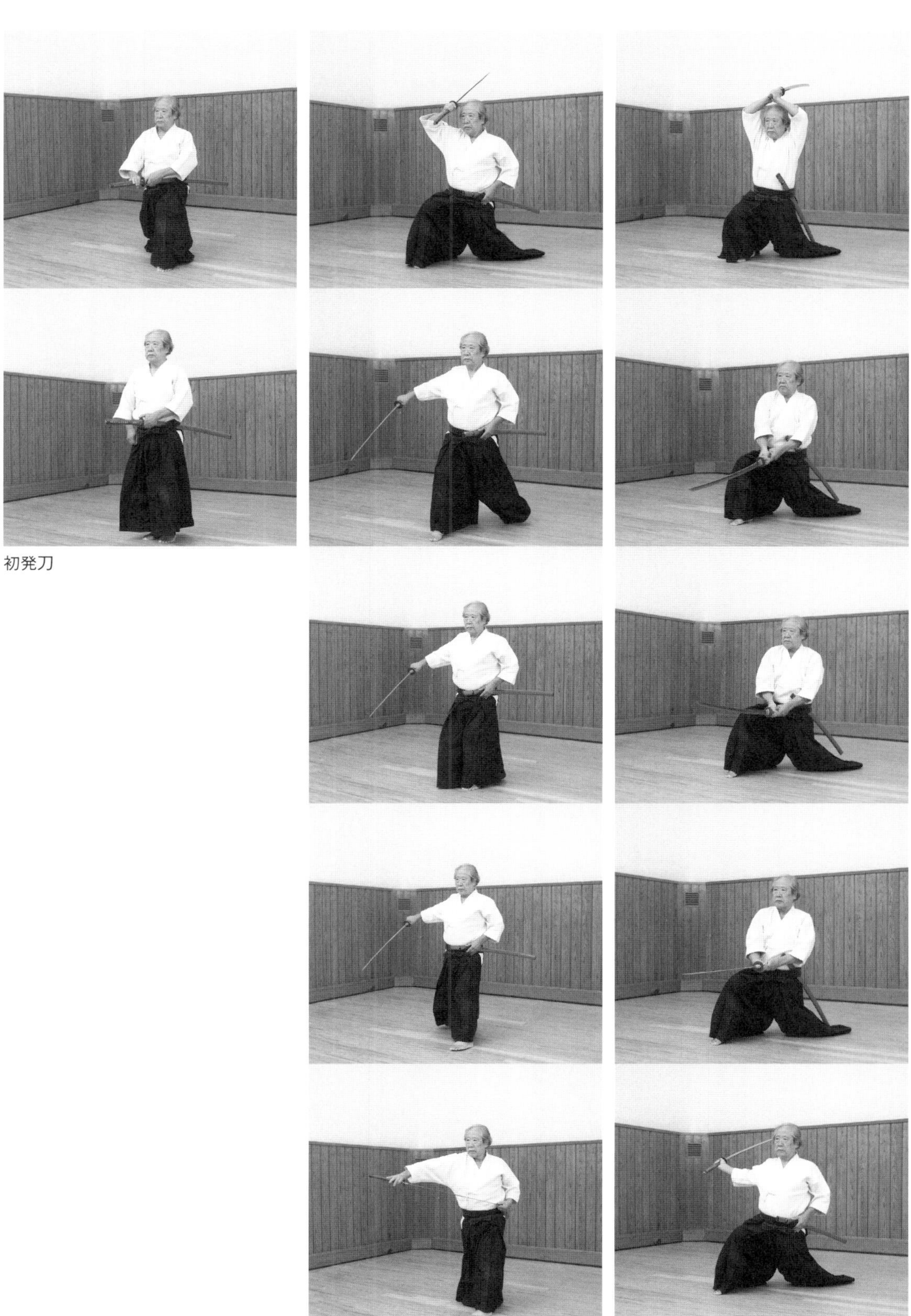

初発刀

教養を高め克己の心を養う

長谷川英信流「浮雲」の抜き付け

大森流は十本目を除き正座、長谷川英信流は立膝座りから抜き出す刀法である。居合の居は座るという意味合いではなく心の居る場所であり、人が動作をするための居である。例えば敵が居る。前に居る、横に居る、後に居る。等々でこの居るに合わせて対処する動作を居合と称したのであって単に座って抜くという意味合いではない。座って刀を差すという習慣がなかったことからも歴然としていることで、常に仮想敵を意識する所作が居合を志す者にとって忘れてはならない要点だろう。

初心者の頃、唯々夢中に先師の教えで刀を振ってきたが、刀を振れば振る程居合の形がそのまま伝えられてきたとは思えなくなった。居合の伝承は一子相伝とか口伝、口授といわれ文書に残されているものは少ない。代々、受継がれてきた流派の形は随分と姿を変えていることだろう。

今の時代、火器が勝り刀で斬り合う等ということはない。さすれば何故の居合修業かということになる。教養を高め克己の心を養うためのものであることは必然で、尚更に正確な刀法が大切なのである。

還暦を越え、古希、喜寿を過ぎて傘寿を迎えた。筋肉の老衰を自覚しながらも先師のまなざしを日々に思い浮かべ気を意識して刀を、竹刀を振っている。先師は御自身の剣道、居合の技風を錬り作り上げた。その偉大さは皆が知るところだが早世された。どんな風に枯れて行くのか、私はその武技を見せて欲しかった。先師が常に言っていた品格、正しい姿勢、正しい呼吸は変わり行く世相の中でも大切な要件で心に深く刻んでいる。歳を重ねる程、更に肝要になるだろう。

刀礼

大森流（概論）

居合の流派として広く知られている大森流は江戸寛永時代の頃大森六郎左衛門正光によって創始された刀法である、と伝えられている。戦国乱世の時代が終わり世相は安定しつつある中、粗野で猛々しい争闘の具として展開されていたであろう剣術はその方向性を模索し、武士の心身を鍛える新しい武技の一環として正座の居合が考察されたと推考する。平和の世に向かいながらも〝治に居て乱を忘れず〟の心と技を育むという武士社会の時代の要請であったのかも知れない。

現在伝わっている居合流派の形は古伝書等からの復元によるものが多く、初代案出の形がそのまま伝承されているとは思えない。理念の継承はあっても技風は年代を経て変化していると推測する。

当初の刀法は実戦に即するような、激しかった形と考えられるが江戸時代が終わり、文明開花の明治時代に移り行く中、日常生活において刀は無用となり刀法の必要性は薄れた。先の戦争後の剣道関連の中止の打撃も大きく斯界は衰退するばかりであった。そんな中で先師羽賀準一は剣道の復活に奔走し、居合もその重要性を唱えて取り入れ両道をひとつの武技として実践、弟子達に教授した。大森流は座技を主体として構成されているが、膝の都合で立った状態でも可能である。全十二本それぞれに形名が付いている。

大森流居合（十二本）解説

一本目（初発刀）

最も基本とする技である。刀は閂（かんぬき）差し（水平）に差し正面に向かい正座（親指は並列し重ねない）。前面の敵に対し肩幅に足を開きながら爪先を立て身体を起こしながら、右足を踏み切り刀を横一文字に胸元へ斬り付ける。左足を引き付けながら大きく振りかぶり更に右足を踏み込み水平気味にかぶった上段から刀を水平の位置まで一気に斬り下ろす。この時も両膝は直角。柄から左拳を外し左腰に付け、右拳は横に開き刀を横平にして右横後方を突くように腕を伸ばす。この時腕と刀は直角。肘を折り込み拳をこめかみ辺りに引き上げ、立ち上がりながら右斜め横45度位、肘を拠点に刀が右太股と平行になるような角度で拳は乳の下くらいの位置まで振り下ろす（血振い）。残心を示し左足を右足に引き付けた後、右足を引き、静かに右膝を床に着きながら、鞘尻が下がらぬよう鍔元を鯉口辺りへ寄せ、水平に横一文字で納刀。間を計り右足を左足に揃えて立ち上がり左足から三歩さがって元の位置に戻る。

二本目（右刀）

正面に対し右向きに正座。左側面の敵を斬る所作で右膝を軸に刀を抜きながら左に90°転回し正面を向き左足を踏み切る。抜き付け以降の所作は、一本目と逆になる。血振い納刀は一本目と同じ。

三本目（左刀）

正面に対し左向きに正座。右側面の敵を斬る所作で左膝を軸に刀を抜きながら右に90°転回し正面を向き右足を踏み切る。抜き付けて以降の所作は、一本目と同じ。

四本目（当り刀）

正面に対し背面に向かい正座。正面の敵を斬る所作で右膝を軸に刀を抜きながら左回りで百八十度転回。左足を踏み切る。抜き付け以降の所作は二本目と同じ。

五本目（陰陽進退、八重垣）

正面に向かい正座。一本目の要領で右足を踏みきり抜き付け振りかぶりながら左足を踏み出し立ち上がりざまに相手の胸まで斬り下ろし、右膝を着いて右脇横に血振い。この時の血振いは主に長谷川英信流で用いる血振いで、左拳は外し左腰に付け右拳は右横に滑らす感覚で刀は横平。刃は外に向け鍔は膝頭辺り刀身は左太股の高さで平行。切先は僅かに下げ強く伏せてすえ置く。血振いの後、左踵を右踵に寄せ納刀するが、新たな敵の攻撃に左膝を右膝に合わせながら大きく退き立ち上がりながら横一文字に胸元へ抜き付け腰を落としながら右足を踏み込み振りかぶり、左膝を着地しながら斬り下ろす。血振い納刀は一本目と同じ。

六本目（流刀、受流し）

正面に対し、右向きに正座。左側面から頭上に斬りかかる敵に顔を左に向け注視。左足を踏み切りながら刀を抜きとり鎬で受け流すべく頭上左前面に45°位の角度で峰を外側に横一文字に突き出し、右足を踏み出しながら刀を肩の付近に平行移動させ、敵の左側面に振り向き、入身になり両膝をくの字に開脚しながら爪先立ち、右踵を左踵に寄せ敵の胸部から腰部を胴斬りにする。正面から45°位左に向いた身体は、刀を正眼に戻しながら正面に向き直り、左足を引き剣先を下げて血振い、刀を裏返し刃を外に向け剣先を右膝に乗せ右拳を逆手に持ち替え残心を示し、左膝を着地しながら逆手納刀、左足を右足に揃えて立上がり、元の位置に戻る。

七本目（順当、介錯）

正面に向かい切腹者のやや後方に正座。顔は正面に向けたまま刀に手に掛け左膝を軸に静かに身体を90°右に向け右足を軸に立ち上がりながら刀を抜きとり、左足に揃えながら前面を円を描くように回し上げ、右肩上に切先を上げ、浮かせかついで構える。機を窺い大きく右足を踏み込み首骨を断ち、首皮を残して手許まで引き斬り、刀を正眼に直した後は六本目と同様の所作で納刀。六本目の動に対し七本目は静、この両極にある動作は気持の切りかえが大切である。

八本目（逆刀）

正面に向かい正座。前面から斬り込んで来る敵に身体をかがめながら右踵を上げ、左膝先に付け、右膝を外に開き、鯉口を切り身構え、敵の斬り下ろしを見切り、左足を大きく一歩退きながら刀を抜き取り、右足を引き左足に寄せ合わせ、身体を垂直にして爪先立ち振りかぶり右足を踏み出し胸元へ斬り下ろし、更に歩み足で追撃、水平まで斬り下ろす。左足を右足へ揃えた後右足を後に引くと同時に振りかぶり残心を示す。刀は水平まで静かに下ろし右膝を着き右拳を逆手に持ち替え、左拳を外し刀を返し刃を外に向け、左手の平で峰を支え止めを刺す気持ちで肩の位置まで、肘を張り、刀を引き上げる。又突き込んで引き上げてもよい。膝上に横一文字に直し左足を90°左に開き踵を右踵に揃え、逆手のまま納刀。左足から立ち上がり右足を揃え元の位置に戻る。

九本目（勢中刀）

正面に対し左向きに正座。右側面から上段で斬り込んで来る敵を左膝を軸に正面に向きながら右足を踏み出し、中腰で小手を斬り払い歩み足で振りかぶり、右足を踏み込んで水平まで斬り下ろす。両小手及び右小手を斬る方法とがある。血振い納刀は一本目と同じ。

十本目（虎乱刀）

正面に向かい直立姿勢。大森流十二本の中で唯一の終始立姿である。正面に向かって直立し左足を半歩踏み出し、右足を踏み出しながら一本目の要領で横一文字で斬り付け、振りかぶり斬り下ろす。立ったままで血振い左足を右足に揃え、右足を半歩退いて納刀。右足を左足に揃え元の位置に戻る。

十一本目（陰陽進退替手）

正面に向かい正座。五本目の変化技で、途中の右脇横の血振い納刀まで同じ。新たな敵が右脛へ斬り込んで来る刃筋を見極め通常に抜きかけた刀の手の内を替え鎬で受け落とし、左膝を着き振りかぶり右足を踏み込み斬り下ろす。血振い納刀は一本目と同じ。

十二本目（抜刀）

正面に向かい正座。前面に正対する敵に爪先を立て刀を右斜横に向け水平に抜きとり両膝を合わせ振りかぶり開脚して両膝を着く力を加味して斬り下ろす。右脇横に血振い納刀し腰を下ろし座り直して正座。このとき一本目（初発刀）で座った位置になる。

思念

大森流は十本目を除き正座からの技の繰り出しで初心者から塾達者、若者から高齢者まで心身の鍛錬にふさわしい刀法の習得技である。一～四本目は前面、左側面、右側面、背面からの四面の敵を足腰の角度を正確に保ち斬り伏せる基本形。五本目の陰陽進退は身体を流動的に運用する複合技。六本目の流刀は大森流の中で最も技功を要する技で正確で早い身体移動を必須としている。

師範を手本に全員で大森流を抜く

一転して七本目の順刀は静の所作で介錯という武士社会の名誉ある死に対する荘厳な儀式に臨む気構えの大切さを技の中に取り入れている。八本目の逆刀は敵の斬り込んで来る動作に対する応戦の形で動線を大切にしている。九・十本目の勢中刀、虎乱刀は八本目までの余韻的な技で気を入れながらも静征と対処する所作技。十一本目は五本目の陰陽進退の変化技で応じ技。十二本目は対座する敵を一刀の元に斬り伏せて締め括っている。

大森流の稽古風景

大森流十二本の刀法は刀を大きく明快に水平、直角、45°等々隅々の角度の正確な保持を必定としている。当初はぎこちなく堅苦しく見えても錬度の高まりで円滑で力強く美しい居合となるだろう。

長谷川英信流（概論）

長谷川英信流は江戸時代初期の武芸者長谷川主税介英信によって創始されたと伝わっている。大森流が静と動を巧みに取り入れた主に正座からの居合に比べ、長谷川英信流は甲冑座りといわれる立膝からの居合で実戦形態で動的である。同座せる人の不審な挙措を察知して対処する刀法が多く複合する体さばきやバランス（均衡）技等への正確で高度な身体移動を課している。習字に例えれば、大森流は楷書的で基本を守り身体を正確に運用する標準的な刀法、長谷川英信流は行書的で刀速を加味し、身体の崩れないことを前提に柔軟で円滑に身体を移動させ、変化に富む技を随所に組み込んだ刀法と言えるだろう。

大森流との大きな違いは座り方である。大森流の正座に対し長谷川英信流は立膝である。座り方にはあぐらもあるが、あぐらは最も楽な座り方で立ち上がるにも一挙動とはいかず居合には適さない。

立膝は右や左の片膝を立てて座るが居合は右足の立膝である。左足を一歩後に退き、右足膝裏の袴を外に払い左足をあぐらにかく。その踵に尻の穴辺りを乗せて座り右足は膝を斜めに浮かせ足裏を伏せるようにして爪先は左膝頭に揃える。両拳は軽く握り手の平を上向にして太股の上に置く。抜き付けは大森流は強く床を踏み切るのに対し長谷川英信流は足裏の外側を摺り足状に出して踏む。血振いは大森流五本目の右脇横への血振いと同じである。

長谷川英信流（十本）解説

一本目（横雲）

正面に向かい立膝。前面の敵に対し右足を踏み出し胸元に斬り付け直ちに大きく振りかぶり更に右足を踏み込み水平まで一気に斬り下ろす。右脇横に血振い。残心を示しながら右足踵を爪先立たせ左踵に寄せ腰を下ろし、鞘尻が下がらぬよう鍔元から3分の1位の所を鯉口に寄せ水平に、横一文字で大森流より早く納刀。右足を一歩踏み出し左足を揃え左足から二歩下がって元の位置に戻る。

二本目（虎一足）

正面に向かい立膝。前面の敵を察知し立ち上がりながら抜き始めたところ右脛に斬り込んできたので、左足を大きく退き手の内を替え刃を上に向け鎬で受け落とし、左膝を着き振りかぶり右足を踏み込み水平まで斬り下ろし右脇横に血振い以下一本目と同じ。

三本目（稲妻）

正面に向かい立膝。前面から上段で切り込む敵の小手を左足を大きく退き立ち上がり様に斬り払い右足を踏み込み水平まで斬りおろし左膝を着く。以下一本目と同じ。

四本目（浮雲）

正面に対し左向きに立膝。右横に座る士の敵意を察知。去ると思わせて左足を左前方に踏み出し立ち上がり、鞘諸共に柄を敵の頭上を回し越しながら身体を右へ90°転回し敵の左横に付き中腰になりながら両膝を開脚し左足甲を反転裏返し右足先に重ねる。同時に刀を一気に抜きとり、左に90°腰を回す勢いで敵の手許から胸部にかけて押さえ込むように斬り付ける。鞘尻は斜に引き上げ刀と平行にする。身体を敵の左側面に向き直り刀を押し当てたまま右足を右斜後方45°位に大きく引き刀の背に左手の平を添え、右肘が90°位になるまで切先をやや下げて水平に引き倒す。その軌跡を戻る様に左回りに大きく頭上を転回させ諸手となり、右拳は肩よりやや高くまで肘を伸ばし右膝を着いて構える。引き倒した敵を見下ろす形で左足を軸に90°位右回りで反転して回り込み右膝を着き左足を右足に踏み寄せ敵の胴を斬り、右脇横に血振い、左足踵を右足踵に寄せ納刀。左足を踏み出し右足を揃え元の位置に戻る。

五本目（山嵐）

正面に対し左向きに立膝。四本目と同様に右横に座る士が柄に手を掛けるのを察知。直ちに右に90°向き直り左拳で刀を反転させ敵の手元を柄で、同時に右足で太股を踏み付け、返す刀で顔面の鼻と上唇の間（人中）を跳ね上げ直に右腰に引き付け一気に刀を抜きとり左膝に右踵を引き付け、左に90°腰を回しながら敵の胸部を押さえるように斬り付ける。押しあてたまま身体を反転し、刀の背に左手の平を添え右膝を開きながら右方向へ右肘が90°位になるまで引き倒し四本目と同様の所作で刀を頭上で転回させ右足を斜右後方45°位へ踏み出し左90°に向を変え敵の胴を斬り右脇横へ血振い。右足踵を左足踵に寄せながら納刀。右足を踏み出し左足を揃え元の位置に戻る。

六本目（岩浪）

正面に対し右向きに立膝。左横に座る士の敵意を察知。感ずかれないよう静かに左足を大きく引き刀を抜きとると同時に左膝を着き90°左に転回し左手の平で刀の峰を押さえ、敵の右脇腹を左膝に右足を揃えて素早く踏み切り浅く突き抜きとり、刀を敵の背に当て左手の平を添え右膝を開きながら右方向へ右肘が90°位になるまで引き倒す。以下五本目と同じ。

七本目（鱗返し）

正面に対し右向きに立膝。左側面から斬り掛かる敵を先制して右足を軸に中腰で爪先き立ち左足を大きく退きながら左に90°転回、正面に向き胸元へ横一文字に斬り付け左膝を着きながら振りかぶり斬り下ろし右脇横に血振い。以降五本目と同じ。

八本目（浪返し）

正面に対し背面に立膝。背面から斬り掛かる敵を先制し右足を軸に中腰で爪先立ち左足を大きく引きながら左に180°転回。以下七本目と同じ。

九本目（滝落し）

正面に対し背面に立膝。鞘尻を掴む敵の拳を後に目をやり立ち上がりながら鍔に左親指をかけ鞘を左にずらし直ぐに左腕付け根へ垂直状に抱え込み拳を振り切る。素早く左足、右足を踏み出し左回りで180°正面に向き直ると同時に右横上に刀の刃を上にして抜きとり顎の付近から切先を落とす様に左足を軸にして胸部に突き込む。刀は切先を下げたまま左脇を回して振りかぶり右足を出して斬り下ろし、左膝を付いて右脇横に血振い。以下五本目と同じ。

十本目（抜打ち）

正面に向かい正座。前面に座る士の敵意を察知。爪先を立て刀を前方に向け水平に抜きとり、両膝を合わせ振りかぶり開脚して両膝を着く力を加味して斬り下ろす。以下大森流十二本目と同じ。一本目（横雲）と同じ座り位置であること。

思念

長谷川英信流は居合の基礎形である大森流の修練を経て進む次の課程である。甲冑座りと言われる立膝からの刀法で大森流より早い時代に考案されたと伝わっている。抜き付けも大森流は足を踏み切るが長谷川英信流は擦り出しである。

一本目から三本目は最初から敵意ある攻撃への対処。四・五本目は右側面、六本目は左側面にそれぞれ座る士の敵意を察知し、機先を制しての後の先的な攻撃。七・八本目は仕掛けようとする敵への先制攻撃。九本目は実際の行動に出た敵への対処。十本目は対座する士の敵意を察知、先制して斬り伏せ。これで締め括っている。大森流は七本目を除いて単体的な攻撃をする刀法であるが、長谷川英信流は敵意を察知して迎撃するという〝後の先〟的な要素を含んだ応用編とも言える刀法である。場の兆しを捕え機を見て乗じる心理的な思考を含めた臨機応変の技が組み込まれている。複雑な身体移動を組み込んだ一連の形の修得で居合に厚みが増すだろう。

長谷川英信流早抜（概論）

早抜は長谷川英信流十本の技をつなぎまとめたもので抜き付け、納刀を繰り返し熟達を期する反復稽古である。最初は形を正確に呼吸を整え、ゆっくりと抜刀し納刀、徐々に速度を早めて行く。早抜は息継、間の取り方等短い稽古時間で技倆を高められる稽古方法の一環として適している。各々の形の技の運びが正確でないと元の立膝座りの位置に戻らない。所要時間は初めの頃は二分を越えるだろうが、錬度を上げることで一分半前後に短縮することは可能となる。早く力強い正確な刀法と体さばきは一連の流れに美しさが加味されるだろう。

早抜（十本の技が一本の技）解説

一～三本目は正面に向かい立膝、各々前面の敵を斬り伏せ血振いして納刀。四本目は右側面の敵を斬り背面で納刀。五本目は更に右側面の敵を斬り同じく背面で納刀。六本目は左側面の敵を突いてから斬り正面に対し左を向いて納刀。七本目は続けて左側面の敵を斬り正面に戻り納刀。八本目は左回りで振り向き様に背面の敵を斬りその位置で納刀。九本目は背面から振り向き様に正面の敵を突いて斬り納刀。十本目は正面に戻り抜打ち斬り下ろして納刀。このときの座りは正座となり抜き始めと同じ元の位置に戻る。

思念

長谷川英信流十本の形を一本にまとめた早抜の技を円滑に抜き納める。注意点は呼吸である。吸って吐き、吸って吐いてを反復する中で間を計り、抜いて納め、抜いて納めを繰り返すこと十回。正確な運歩による身体移動は何と言っても息継ぎが最大の要点となる。正しい形の追求は姿勢、呼吸を整えること。関連して剣道で息を詰めた打合を制することと同義と思うほどに通ずるものがある。抜き始めた位置に戻ることが必定で運歩等が正確でないと元の位置に戻らない。

長谷川英信流奥居合（概論）

大森流を初伝、長谷川英信流を中伝、奥居合は奥許しとも言われ奥伝として伝わっている。奥居合は大森流、長谷川英信流に比べ複合的な要素を包含した応用編とも言える刀法である。様々な単数複数の敵を仮定した刀技を組み込み対応する所作は仮想敵の攻撃挙動への解釈次第で刀の斬り込み角度や納まり位置が変わったものになる。同じ流派の中で異論が出るということにもなって仮想の敵を相手にするという居合の根源的な難しさを感じる。これが絶対ということが談じられない所以であろう。故に刀を自在に使い操る技量を身に付けることが肝心で究極の課題である。居合は形稽古で敵の動きを仮想して挙動する以上刀法は正確でなければならないが、奥居合の段階に至れば固定概念に捕われることなく新しい動作を組み入れる自由な発想も有りではないかと歳を重ねた今、思うこともある。伝承された刀法の守旧は必定ではあるが敵の攻撃に対する独自の応用技を工夫することも刺激になる稽古方法だろう。

長谷川英信流奥居合解説

奥居合八本は全て正面に向かい立膝。納刀は英信流より早くする。

一本目（霞）

正面から直進する二人の敵の攻撃に対する刀法。胸元へ横一文字で斬り付け薙ぎ払い次に斬りかかる二人目の敵を右拳を裏返し刃先を反転、燕返しとも言うが右から左へ撫で斬り振りかぶって斬り下ろし右脇横へ血振い。以下英信流一本目と同じ。

二本目（脛囲）

正面から右足脛に斬り込む敵の刀を斬り落とす刀法。動作に関する要点は英信流二本目と同じ。血振い以下一本目と同じ。

三本目（戸詰）

左右の戸襖に潜む敵に対する刀法。右足を右45°位に踏み出すと同時に左から右へ袈裟状に抜き打ち振りかぶりながら右足を左45°位の斜前に踏み出し斬り下ろす。以下一本目と同じ。

四本目（戸脇）

敷居の向側右と左後方の敵に対する刀法。柄に右手、左手で鍔に手を掛け、右足を一歩踏み出しながら抜き付けるがごとくに右斜前方の敵を威嚇牽制、刀を前方に一気に抜きとり左後方の敵を見据え胸部を突き刺し振り向きざまに振りかぶり右斜前の敵を斬り下ろす。以下一本目に同じ。

五本目（四方斬り）

右斜前方、左後方、左斜前方、正面の四面の敵に対する刀法。四本目の要領で左後方の敵を突き刺し左側面の敵を水平に薙ぎ払いながら右斜前面に向き直り右足を踏み出し振りかぶって斬り下ろし更に三本目の要領で左斜前面の敵を斬り最後は正面に向き右足を踏み出し真向から斬り下ろす。以下一本目と同じ。

六本目（棚下）

頭部がつかえる程の低い場所での敵に対する刀法。前方を見据え上体を前に倒し右足を出しながら刀を前方に抜きとりかがんだ状態で後方を突き上げるように振りかぶり上体を起こしながら斬り下ろす。以下一本目と同じ。

七本目（両詰）

両側に障害がある場所で前面の敵に対する刀法。

右足を踏み出しながら刀を前方に抜きとり右足を踏み出すと同時に敵の胸部へ突き込み抜きとって真っ直ぐ振りかぶり斬り下ろす。以下一本目と同じ。

八本目（虎走り）

逃げる敵を小走りで追撃して斬り新たな敵を後退しながら迎撃する刀法。逃走する敵を小走りで追走右足を出し左膝を着けながら横一文字で抜き付け振りかぶり斬り下ろし右脇横に血振い納刀。納まりきらぬうちに新たな敵の攻撃を受け小走りで退がりながら機を計り横一文字に抜き付け振りかぶり左膝を着け右足を踏み込んで斬り下ろす。以下一本目と同じ。

思念

最終章である奥居合。より複合的な刀法で身体を前後左右に駆使した動きの中で均衡移動が多用されている。大森流、長谷川英信流、奥居合ともに一連の流派の武芸の中で発声はない。身体全体で気を発する要がある。奥居合の一本目は正面から斬り掛かる二人の敵、二本目は脛に斬り付ける敵に対処。三本目、四本目は左右後方の戸襖に潜む敵を機先して斬り伏せる。五本目は四面からの敵を順々に斬り伏せる。六本目、七本目は変形場所での対敵。八本目は一連の居合形の中で唯一小走りの前後移動で敵を斬り伏せている。

大森流、長谷川英信流、奥居合の形は、基本的な大森流、技の多用性を採り入れた長谷川英信流、更に変化技を組み込んだ奥居合、それぞれに特徴があり飽きさせない。居合の形は剣技を集約して作ったもので思考すれば無尽にあるだろう。が、これらを勘案すれば、居合の究極は大森流一本目初発刀に始まり初発刀に終わる。と言うことに尽きるだろう。

神道無念流五加五行の形（概論）

神道無念流の形には五加五行、非打之形、立居合、組太刀等があるが先師は主に五加五行を伝授した。平素は流派にこだわりは見せなかったが精神を集中し気迫を大切にした形である五加五行は後世に伝えたかったのだろう。多くの形は約束事であるが、五加五行の形は極めて簡潔で打太刀と仕太刀は対等で同格、攻守相互が五分と五分で渡り合う攻防、双方が呼吸を合わせる理合と間どり、力強く無駄のない動きの中に気合の声が凜と響き緊張感が漲る形である。

五加五行という呼称の意味合いについては解明できる資料はない。ずっと思考していたが古代中国の五行思想の中に地球上には人間に必要な木・火・土・金・水の五種の元素があり万物に影響を与えあい変化し循環する輪廻思想とも相まるという説がある。出典はこの辺りでこの五行思想を五本の形に加えて五加五行としたのではないかと仮想する。神道無念流より早い時代の宮本武蔵の五輪の書も地の巻、水の巻、火の巻、風の巻、空の巻の五項目からなるがこれとても同根にあるのではないかと推論する。駄論はさておき、五加五行の解説に入る。

神道無念流　五加五行の形　解説

強く打ち合うので木刀は通常より強度が必要。初めに打太刀の木刀は鍔を付けるが、仕太刀には付けない。形の始めは打太刀が仕太刀が使う木刀も一緒に柄を前に出して左脇に抱え演武場中央に進み左膝を着き木刀は仕太刀の切先を上に重ね柄を打太刀、仕太刀双方へ向けて置く。仕太刀は後方で蹲踞。準備整い両者木刀に歩み寄り右膝を着き右拳で木刀を掴み持ち左拳も柄を掴んで立ち上がる。両者正眼、打太刀はその位置、仕太刀は左拳を離し構えを解き左足から歩幅小さく五歩退がり両者自然に立つ。

一本目（五加五行の形には呼称はない）

打太刀、仕太刀共に定位置に立ち仕太刀が前進互いに振りかぶり物打ちで切り結び相正眼に移行するや仕太刀が突き込み打太刀は右脇横に受け止める形。

両者定位置に立つ。打太刀は左足を右足に揃えた後右足を大きく引き両爪先を外に向ける。両肘を水平に張り鍔を口元辺に据え手元から45°位の八相に構える。打太刀の構えたのを見届けた仕太刀は木刀に左拳を添え神道無念流特有の右拳をやや右に開き気味の平正眼に構え一呼吸ほどの間をとって右足から大きく摺り足で三歩進み左足を右足へ揃え爪先立ち大きく振りかぶり右足を踏み出し奥歯を噛み締めヤーと気合を発して振り下ろす。打太刀は仕太刀の動きに合わせ右足を左足に揃え同じく爪先立ち大きく振りかぶりエイーと呼応し一気に振り下ろす。両者の木刀は物打ちで交差し相打ちとなるや仕太刀は打太刀の木刀の上から突き込み打太刀はこれを右脇横へ受け止める。この時打太刀の左足は踵を着けて指部を浮かせる。仕太刀は突き込んだ木刀を打太刀の木刀の鎬部を押さえ滑らせながら手元に引き寄せ両者左から頭上を大きく回し上段となり両足を爪先立ちで揃え相正眼となって終わる。仕太刀は左拳を離して構えを解き右片手平正眼となり左足から歩幅小さく五歩退がり元の位置に戻る。打太刀は正眼のままで元の位置で立つ。一本目から四本目まで攻守後の所作は同じなので以降は省略す。

二本目

打太刀、仕太刀共に定位置に構え、仕太刀が前進したところ打太刀が右から脛に打ち込み仕太刀はこれを鎬で受け左回りにはね上げ打ち込むが打太刀は頭上前面で受け止める形。

両者定位置に立ち打太刀は一本目同様に八相に構える。仕太刀も一本目同様に構え呼吸を整え三歩進み間に入ると打太刀はすかさず右足を大きく踏み出し脛に打ち込む。仕太刀は左足を右足へ踏み寄せ打ち込む木刀に正対するよう峰を外に切先を下げて下腿の前で受け止めるや直ぐに打太刀の木刀の上を左回しはね上げ振りかぶって向き直りヤーと気合を発して打ち込む。打太刀ははね上げられた木刀を正眼に構えるが仕太刀の打ち込みに諸手のまま頭上顔面の前45°位の角度の右霞で突き出しエイーと気合を返し右足を退き左足爪先を浮かせ仕太刀を受け止める。以下一本目に同じ。

三本目

一本目同様に両者定位置で構え、仕太刀が前進したところ、打太刀が逆胴に打ち込み仕太刀は身体を左に開いてかわし直ぐに向き直り正対し打ち込む。打太刀はこれを受け止める形。

両者定位置から一本目と同様に仕太刀が前進し間に入ると打太刀はすかさず右足を大きく踏み出し逆胴へ水平に打ち込む。仕太刀は身体が一本の柱のように両足を揃え左90°転回、爪先立ち木刀を垂直に頭上に伸ばし（尖上段）剣先を外しすぐに右に向き直り打太刀に正対、右足を踏込み打太刀の正面を気合を発して打ち込む。打太刀は逆胴で振った木刀を返し仕太刀の喉元に付けた後気合を返し二本目と同様に右霞で仕太刀を受け止める。以下二本目と同じ。

四本目

一本目同様に両者定位置で構え、仕太刀が前進し、打太刀の顔面（人中）を突く。打太刀は直ぐに応じ小手に打ち込むが、仕太刀は一本後退して返撃し打ち込む。打太刀はこれを受け止める形。

一本目同様に両者定位置で構え、仕太刀が前進し打太刀の顔面（人中）を突く。打太刀は素早く左足を退き右足に揃え振りかぶり右足を踏み出して仕太刀の小手を打つ。仕太刀は右足を退きこれを外し右霞に構え、短くヤツと気合を発して打ちかかる。打太刀は二本目同様に構え気合を返してこれを受け止める。以下二本目と同じ。

五本目

一本目同様に両者定位置に構え、仕太刀が前進して打ち込む。打太刀はこれに応じ、物打ちで交差、両者譲らず剣先を交わしたまま膝を折り身体を垂直に低くしてにらみ合い機を見て打太刀が胴に打ち込み仕太刀が右脇横で受け止める形。

二本目同様に両者定位置で構え仕太刀が前進し両者右足を踏み込み振りかぶって打ち込む。物打ちで交差したまま木刀を正眼から横平に直しながら仕太刀は右足を、打太刀は左足を退き両膝を折り曲げ広げ上半身を垂直にして仕太刀は霞をとりヤァと気合を発し打太刀は逆霞の形をとる。交差した木刀を互いに手元に引き寄せ切先が外れようとする機に打太刀は振りかぶり仕太刀の右胴へエィーと気合を返して打ち込み体当たり。仕太刀は木刀の刃を外に向け打ち落とすように受け止めそのまま数歩退がって止まる。

両者の木刀は横平で打太刀は仕太刀の木刀の上を押さえずらして切先が交差する位置で止める。両者その形で元の位置に戻り双方右膝を着き木刀を床に置く。仕太刀は三歩退がり蹲踞、打太刀は仕太刀の木刀を剣先を軸に打太刀の木刀に揃え左脇に抱えて三歩退がり仕太刀と並び立礼して終る。

理念

五加五行の形は簡潔である。故に攻めと守りの中にある気迫と間、理合の調和を重視している。熟練度によってその表現は変わるだろうが、武道を志す者として終生大切にしたい形である。

五加五行最初の所作。木刀に歩み寄り右膝を着き右拳で木刀を掴む

五加五行打太刀・仕太刀の構え

第三部　わたしと羽賀準一先生

対談小林英雄範士
羽賀準一の教えを守り伝えていくこと

プロ野球選手も通った国民体育館の羽賀道場

小林　羽賀先生は中山博道先生の有信館で修行され、戦後、剣道の命脈を維持することに尽くされましたが、いったん剣道が復活し、組織化されると、ふたたび剣道家に戻り、稽古と後進の指導に専念されました。卯木先生は羽賀先生から直接指導を受けた門下生の一人ですが、まずは羽賀先生との出会いから教えてください。

卯木　わたしは群馬の高崎商業高の出身ですが、剣道部監督の中島庫吉先生からご紹介をいただいたのがきっかけです。高校3年の夏、進路を東京の大学ときめたとき、「剣道を続けるのなら羽賀先生に習え」といわれ、大学が決まる前に東京にご挨拶に行きました。

小林　進路が決まる前にご挨拶にうかがっているのですか。おもしろいですね。中島先生はなぜ羽賀先生のもとに預けたかったのでしょうか。

卯木　残念ながらそれをお聞きする前に鬼籍に入られてしまいました。ただ、わざわざ東京まで引率して紹介してくださったくらいですから、特別な思いがあったのかもしれません。

小林　昭和37年4月、法政大学に入学されました。

卯木　そうです。剣道部にも入り、朝は羽賀準一先生の道場にも通いました。しばらくは剣道部と両方の稽古を続けていましたが、高学年になってからは羽賀先生のところでお世話になっていました。

小林　羽賀道場は朝稽古でしたよね。

卯木　いまも朝です。羽賀先生は「朝、忙しい人間はいない」とおっしゃっていました。本人の心がけ次第ということだと思うのですが、もともと羽賀道場は昭和27年に全日本剣道連盟が発足し、千代田区神田一ツ橋にあった国民体育館（現共立女子大学）を拠点に柴田万策先生、渡辺敏雄先生、湯野正憲先生らが指導するようになった全剣連の稽古会だったんです。それがいつしか羽賀先生を慕って稽古に来る人たちが多くなり、いつしか羽賀道場と呼ばれるようになりました。

小林　東大の学生も通っていたそうですね。ＯＢの先輩方から羽賀先生のお名前をよく聞いています。

卯木　一剣会羽賀道場の初代会長をお願いした園田直先生をはじめ東大の学生たちは通われていましたね。羽賀先生は正式の師範ではなかったようですが、東大道場でも指導されていましたので、それが縁で通われていたのでしょう。

小林　卯木先生が入学した法政大学、そのほか、中央大学や芝浦工業大学の学生たちも通われていたようですね。わたしが驚いたのは、羽賀道場に来ていたのは剣道修行者だけではなかったという点です。読売ジャイアンツからは荒川博、広岡達朗、王貞治といった超有名選手も通っています。

卯木　竹刀による面打ちや真剣による巻き藁斬りなどを通じ、手の内を勉強したようですね。王選手は打てなくなると羽賀先生のところに電話をしてきて指導をあおいだそうです。羽賀先生は「球は打つのではなく、斬るのである」と教えていたようです。その指導の様子は昭和38年の『週刊現代』の記事（巨人を快進撃させた意外な人たち）にも取り上げられました。

小林　羽賀先生には人をひきつける「なにか」があったのでしょうね。

卯木　稽古は本当に厳しかったですが、稽古から離れるとやさしかったですよ。面倒見がよかったと思います。過日、弟の羽賀忠利範士から羽賀先生の遺品をわたしのほうで保管してもらいたいということで、それを取りにうかがいました。アルバムをひらくと学生が居合を抜いている写真などもたくさん貼ってありました。そこに「卯木君」とメモされた一枚を見たときはうれしかったですね。

小林　いい話ですね。

卯木　それと先生は稽古後、一言、二言、必ずアドバイスをくださいました。その続きが聞きたくて先生の武道具店についていくこともしょっちゅうありました。羽賀先生は「5分でよいから稽古を振り返れ」といつもおっしゃっていました。反省のない稽古に上達はないからです。

小林　第三者に指摘してもらうと欠点がよくわかりますからね。

卯木　自分のイメージと本当の姿はかけ離れていることが少なくありません。その伝統はいまでも続いています。

疲れたら呼吸を調えよ　根性稽古を強いなかった羽賀

小林　さて、羽賀先生の剣道についておうかがいしていきたいのですが、どのような剣道だったのでしょうか。神奈川にも羽賀先生の門下生がおり、わたしも何回か稽古をしたことがあります。

卯木　高校卒業後、羽賀先生から剣道を習ったわけですが、これまでとはまったく違った内容が求められました。大きく振りかぶって打つことを基本とし、先生にお願いするときはもとより、互格稽古、試合でもそれが求められました。群馬からインターハイに出場した当時のわたしの剣道は速さと巧さで勝負していましたので、一種のカルチャーショックを覚えました。

小林　稽古は厳しかったそうですね。

卯木　まずは面打ち・体当たりでした。年齢にもよりますが、5回から10回、面打ち・体当たりをくり返し、それから切り返しに入りました。

小林　体当たりはいいですね。わたしも若い頃、かなり受けてもらいました。

卯木　体当たりで剣道の基本ができると思います。打ち間もわかるし、身体の運用も覚えられます。できるだけ床と水平に移動し、体当たりのときも頭を前傾させず、腰からぶつかっていきます。この動作をくり返すことで平行移動が身につけられます。羽賀先生は「打ち込むときの体は垂直」と強調されていました。

小林　頭からぶつかっていく体当たりは危険ですね。

卯木　遠くから速く打とうとするとどうしても前傾します。その分、速く打てるかもしれませんが、足が残ります。

小林　切り返しについてはいかがですか。やはり「大きく」が基本ですか。

卯木　一般的に行なっている切り返しと変わりませんが、やはり「大きく、大きく」ということを言われていました。加齢とともに技は小さくなるので、若いうちに大技を覚えておきなさい、という教えだと思います。

小林　確かに小さい技は教えなくてもできますね。大きく使うことで技の構造などを覚えられます。羽賀先生への稽古はもっぱら打ち込み、切り返し、かかり稽古だったと思うのですが、そこで大きく使うとなると、さぞ苦しい稽古だったのでしょう。

卯木　もちろん苦しい稽古でしたが、先生はいわゆる根性稽古はしませんでした。元立ちがいつまでも「ほれ、もっと」と引っ張るようなことは決してしませんでした。疲れたら「まいりました」と申し出てすぐに呼吸を調えました。

小林　時間にすると1分から2分くらいでしょうか。

卯木　そうです。稽古は相手と対峙する間を短くしての打ち合いですからすぐに息が上がります。5分も10分もダラダラとやることはありません。というよりそれができない。かかり稽古では20本から30本くらい打つような気持ちでかかっていっています。

小林　いまではほとんど行なわれなくなった片手技も残っていますね。

卯木　技は相手の隙に応じて出すものですので、打てるチャンスにその技を出すということです。片手横面も立派な技ですから機会がくれば出します。ただ、この技は若いうちに覚えておかないとできない技ですので、それを覚えるために片手横面の切り返しを行なっています。足さばきの稽古にも有益です。

小林　わたしが若い頃は遣う先生もたくさんいらっしゃいましたが、あまり見られなくなりましたね。鼓膜の保護のためでしょうか。

卯木　当道場では耳に綿や耳栓をつめて鼓膜を保護しています。たとえ鼓膜が破れることがあっても再生しますからあまり心配することはありません。

小林　歩み足も見られなくなりました。これは小野派一刀流の宗家笹森建美先生も指摘されていました。

卯木　日本剣道形は歩み足ですからね。もちろん送り足のほうが有利なときもありますが、歩み足のほうが有利なときもあります。小さい人間が大きい人間と互角に渡り合うには歩み足は有効です。

小林　遠い間合なら歩み足、近い間合なら送り足と適した使い方があるはずですが、ワンパターンになる稽古がありますね。わたしは理合にのっとっていれば評価したいのですが……。

卯木　理論に矛盾がありますね。なぜつかわれなくなったのか不思議です。

小林　いまも組み打ちも行なっていますね。

卯木　これもとくに推奨しているわけではありません。膠着状態、どちらかが竹刀を落としたときなどたしなみとして行なうということです。

小林　羽賀先生、中島五郎蔵先生とともに有信館三羽烏と呼ばれた中倉清先生も柳生の講習会で行なっていました。

卯木　剣道も格闘技ですから油断をするなということです。竹刀を落とされても、最低限の対応はできるという気構えです。羽賀先生は冬場、気の鍛錬といってよく行なっていましたが、決してねじ伏せるようなことはしませんでした。

こばやし・ひでお／昭和17年熊本県生まれ。鎮西高校卒業後、神奈川県警察に奉職。全日本選手権大会出場、国体優勝など。第12回世界大会男子日本代表監督。神奈川県警察名誉師範、神奈川県剣道連盟会長、東京大学剣道部名誉師範。剣道範士八段。

剣道は表芸、居合は裏芸
剣居一体の修行を求める

小林　羽賀先生は有信館で中山博道先生に師事し、修行されました。羽賀道場でもその流儀を引き継ぎ、剣居一体の修行をいまでもされています。

卯木　羽賀先生は「剣道は表芸、居合は裏芸。居合の抜きつけ、納刀以外はまったく剣道である」と説き、居合は剣道の一部ととらえていました。

小林　わたしも段は取りませんでしたが、居合をやっていました。いまは、剣道は剣道、居合は居合という風潮で、そこに疑問を覚えています。

卯木　剣道は打ち合うので、悪いところは打たれて教えてもらえます。しかし、居合は一人でやりますので、欠点がわかりづらい。そこに問題があると思います。

小林　刀の振り方についてもだいぶ変わってきているようですね。

卯木　居合は刀の舞ではなく、常に斬ということを根底にしていなければなりません。振りおろすとき音を出すのが趨勢になっているようですが、鈍い音は空気抵抗を増すだけで物は斬れません。刀は頭上で肘を張り、手先から引きおろして絞ると剣先が反転します。これを「剣の復活」といい、大切にしています。

小林　流派は大森流と長谷川英信流でしたね。

卯木　そうです。刀の納まりは「水平、直角」を基本としています。これも斬ることを前提とした所作からきているものです。

小林　刃引や模擬刀ではなく、すべて真剣を使っているそうですね。

卯木　羽賀先生がご存命の頃、刃引はあったと思うのですが、模擬刀はなかったはずです。すべては斬ることへと集約されているのが羽賀道場の剣道ですので、居合は真剣で行なっています。学生や入門して間もない会員が使用するもののみ、当道場で保管している刃引を使うようにしています。

小林　真剣ですから、真剣にならざるを得ませんね。

卯木　わたしは大学入学と同時に羽賀道場に入門し、そのときはじめて真剣を親から買ってもらいました。はじめて刀を手にしたとき、身の引き締まる思いをしたことをいまでも覚えています。

小林　そうでしょう。あの感覚はやはり特別です。

卯木　羽賀先生は剣道具店を営まれていたこともあり、道具を非常に大切にされました。真剣は扱い方を誤ると命を落とす危険性すらあります。自分はもとより、まわりで稽古をする人をも危険な状態にさせてしまいます。まわりで稽古をする人たちをふくめ、ケガのないよう細心の注意を払うべきと教えられました。

小林　年に数回、試し斬りも必ずされていますね。

卯木　実際に斬る体験を通して「手の内が理にかなっているか」「刀の振り方が正確であるか」など技術的な項目を確認する意味もあります。現在は、夏合宿の折など年2回から3回のペースで行なうようにしています。

小林　斬るのは巻き藁ですか。

卯木　そうです。試し斬りは巻き藁をつくる作業からはじめます。昔は米俵など巻き藁の材料が日常生活のなかにありましたが、現代はほとんどありません。藁のむしろを巻いてつくる巻き藁の作成方法も次の世代に伝えておく必要があると考えています。直径15センチくらいの巻き藁一本が人間の胴体に相当する手ごたえといわれています。

小林　斬るときに注意すべき点はなんでしょう。

卯木　やはり手の内と刀の振り方です。初心者は斬るというより叩いてしまいます。どのような使い方をすれば斬れるのかを身体で覚えることが目的ですので、そこを意識して行なうようにしています。

小林　最近は巻き藁や畳表を斬るための刀もあるそうですね。

卯木　あります。巻き藁や畳表を斬るために専門に作られた刃肉の薄い刀は本当によく斬れます。でも、うちは斬ることが目的ではなく、手の内や刃筋を覚えることが終極ですので、侍が使っていた当時のままの刀を使用しています。そのため手の内や刀勢に欠点があるとなかなか斬ることができません。

小林　なるほど。

卯木　試し斬りは、斜めに斬る袈裟斬りと横にした据物斬りを行なっています。右上から左下への表袈裟は比較的うまくいきますが、左上から右下への裏袈裟は難易度が高いものです。

羽賀準一の遺言
1年365日をどう生きるか

小林　羽賀先生は明治41年生まれ。ご存命なら100歳になられています。没後、40年が経ったいまも、羽賀先生の剣道を受け継ごうという人がいるのはすごいことだと思います。

卯木　昨年10月、「生誕百年を祝う会」を行なったのですが、実際、羽賀先生に教えを受けた人間は少なくなっています。でも、ありがたいことに入門を希望する人は少なくありません。わたしも羽賀先生に実際に稽古をいただいたのは5年くらいです。それでも羽賀先生が亡くなられたあと、他の先生につこうという気持ちにはなりませんでした。

小林　「3年かけても良師を求めよ」という教えがありますが、まさに良師との邂逅（かいこう）があったわけですね。

卯木　いま思えば一期一会のめぐり逢いで運命的なものを感じます。先生に対して失礼な表現になるかもしれませんが、相性というのもあると思います。わたしの場合、それがぴったりときました。「これが本当の剣道だ」と心から思い、現在に至っています。わたしは大学卒業後、飯田橋で飲食店をはじめました。これも羽賀先生から「卯木にサラリーマンは合わない。小さくてもいいから自分の仕事で生きろ」とすすめられたからです。飯田橋をえらんだのも、朝稽古に出やすいからです。稽古を中心に職業を選択したともいえます。

小林　いまは社団法人日本犬保存会の専務理事というお仕事をされていますが、こちらも羽賀先生の影響ですか。

卯木　幼少の頃から生き物が好きで、日本犬は高校時代から飼っていました。ずっと会員になっていたわけですが、あるとき、保存会の手伝いをしてほしいということになりました。それで飲食店のほうは女房にまかせ、こちらにきました。この仕事につくにあたっては、羽賀先生と直接関係はありませんが、仕事をするについては羽賀先生の教えが大いに役立っています。

小林　たとえばどのようなことでしょう。

卯木　日本犬保存会は、わかりやすくいうと日本犬に関する統括団体で全国に支部を作って活動してます。当然のこと仕事は多岐にわたりますが、一歩引いて聞いたほうがいい場合、あえて攻めていったほうがいい場合など、ケースバイケースで決断の連続です。そのやりとりはまさに剣道です。

小林　攻めが強い人、守りが強い人、タイプはさまざまですからね。交渉を剣道になぞる人はたくさんいます。

卯木　羽賀先生は、わたしたちが学生の頃、「君たちは剣道の専門家になるわけではない。そのために剣道を学ぶべき」とよく言われていました。勝敗より社会に出て通用する人間になりなさい。

小林　わたしも東大で師範をしているので、そのことは強く感じます。彼らの将来につながる剣道とはなにか……。それをよく考えます。

卯木　羽賀先生は「大学で指導すべきは心の問題」と常々言われていました。大学生は大人です。剣道を心の問題としてとらえ、静中動、動中静、呼吸などの問題をしっかりと勉強し、社会の一員として、実社会の勉強をすることが大切なことであり、その基礎を剣道で学ぶことを推奨されていました。

小林　余暇として剣道であれば、心を耕すような内容にならなければならないわけですね。

卯木　だから日常を大切にされたのだと思います。「試合は1年に数回、たしかにここで結果を出すことも大事だが、1年365日をいかに生きたかはもっと大事だ」と教えていただきました。社会人は1日1日が真剣勝負です。学生の頃はなかなかわかりませんでしたが、いまはよくわかります。

剣士たちの戦後　昭和の剣豪羽賀準一

戦後連合国軍（ＧＨＱ）により剣道の組織活動は禁止された。復活をしたのはサンフランシスコ講和条約の昭和27年（１９５２）からであった。私が通学していた中学校で剣道部が再開されたのは昭和31年、二年生の春のことで友達と相談して入部した。顧問は金井勇先生であった。それから高校、大学と剣道部に入り、現在に至るまで58年の年月が経った。途中で間を空けたことはなく稽古を続けている。年を取り体力の衰えは如何ともしがたいが、この頃は先師羽賀準一がよく口にされていた氣の一文字を念頭に置いて励んでいる。

戦後の混乱期を過ごす人々（昭和館提供）

昭和41年12月先師は58歳で逝った。それから50年、私自身も齢を重ね先師旅立ちの歳を14年越えた。

戦前、戦後を通じ剛剣で鳴らした希有の剣道家羽賀準一を知ったのは郷里の高校剣道部の先生中島庫吉である。三年生の夏休み東京神田多町の先師の剣道具店梅田号へ出向いた。大学へ入るまでの半年余り何度か通ったが昭和37年4月からは定例の朝稽古会（火木土日）へ通うようになった。先師は戦前皇宮警察から警視庁へ、そして朝鮮へ渡り京城帝国大学予科の剣道師範を務められた剣道界の逸材であった。終戦後剣道は禁止され食べる物とて不足している時代、剣道を絶やしてはならないと命懸けで稽古を続け復活のために奔走した。このあたりのことは剣道関連の書物で再々に渡り詳しく記されている。

剣道が解禁され全日本剣道連盟が発足するが、剣道界の組織に入ることはなかった。妥協のない剣道を信条とした先師にはそれが最上の選択であったのかも知れない。これよりずっと後になるのだが、私にとっては市井の剣道家として自由な立場で活動されていた故に師事できたのだから、これ程に幸運なことはなかった。

話は前後するが昭和30年代に入り、先師は神田一ツ橋にある大正時代に建設された日本最初の近代的体育館である文部省所管の国民体育館で朝稽古会を始めた。昭和38年には並行して芝浦工業大学の剣道部師範として招聘された。昭和40年代に入り国民体育館は共立女子大学に払い下げられて神田の朝稽古会は幕を閉じるのだが、その頃先師は中枢神経に支障を来たし、歩行が困難になり始めていた。それでも神田の朝稽古には姿を見せ、床面に平行した段々状に設えてある長椅子に腰掛けて私共弟子達の稽古をじっと黙って見ていた。歯がゆかっただろうと思う。そんな状態が半年位続いたが病状は徐々に進み浄土へと旅立たれた。私が師事したのは18歳からの5年弱であった。多感な青年時代に受けた印象は強く深いものがあった。その後私は師と呼ぶ人を持っていない。

当時弥生会館と呼ばれていた警視庁の体育館で居合を演武する羽賀準一先生

昭和38年頃の筆者と羽賀準一先生

　今やインターネットの時代になった。当会もホームページを作っている。何でもありの時代で私共の稽古は古流剣道等と論評する向きもあるが何故にまったくの見当違いと思う。剣道の根元を考えた時、その本質は何かということに直面する。つい先日世界剣道大会が開催された。試合で相手に勝つことは各種スポーツの根幹をなす目的であり充分に楽しませてもらった。が、武道の究極は人格形成である。人に勝つ事も大事だが己に克つ事はもっと大切だ、と教えられた。先師は技の修得は若い頃数年であって、それからは心の修行であると諭された。今想えばその通りだと得心する。戦後の混乱期に比べて生活のレベルは格段に向上し若者は高等教育を受けて実社会へ出るが実りあるものを手にすることが難しい時代になった。仕事が忙しい、剣道等やっていられないという理屈はあるだろうがやるという氣次第である。月一回でもいい。離れないことだ。本当の強さが身に付くのは社会に出てからである。自身を含め周囲を見てもそう思う。剣道は人生経験が加味される特異競技である。時間は皆一緒。生活の重点を、目的をどこに置くかに掛かる。先師の好きな言葉に「流汗悟道」がある。本を読んで強くなれるなら読めばいいがそうたやすくはない。机上の空論に終わらぬよう汗を流し身体で覚えることしかない。先師は剣道と居合を併行した。弟子達も同様に行っている。「心や身体の不調は刃筋に出るぞ」とはよく言われたことである。上手下手に拘泥することはない。己の想う剣道を追究すればよい。やろうとする意志が大切なのである。現代の剣道人は段位に捕われすぎているのではないか。日本人の資性の中には権威におもねる傾向が強いがもっと自由な発想で望めばよいと思う。剣技は遠く及ばないが、先師の魂の遺伝を受けていると勝手に想い好きな剣道と居合を続けられる幸せを感じて日々を送っている。

昭和の剣豪といわれその実力を賛美され才能を遺憾なく発揮して自由に生きた羽賀準一、剣道界との葛藤はあったかも知れないが、その生涯を閉じるまで幾多の有為な弟子を育てた功績は大きく評価されるだろう。武を道に昇華させたその生き方は生一本であった。その意志を継いで今一剣会羽賀道場があり、先師亡き後50年、間断なく稽古を続けている。

先師を尊敬した弟子で衆議院議員として外務大臣、官房長官を務められた園田直の〝氣〟の色紙がある。剣道に限らず人生で最も大切なのはこの一字であろうと高齢になって思うこの頃である。

高弟・園田直による〝氣〟の色紙

『羽賀準一が追求した気の剣道』

細胞が目覚める不思議 羽賀準一先生の気当り

戦後間もない昭和22・23年、上野警察署の剣道場で、羽賀準一先生に初めて稽古を願った張東緑先生（前羽賀道場会長）は、羽賀先生がふりかぶると、かつて経験したことのない恐怖感のために「睾丸が縮み上がり、腹腔におさまってしまった」という体験をされました。またある先生は、「大きな岩山から岩石が崩れてくるような想いをした」と稽古の様子を語りました。それほど先師・羽賀先生の気当りは強く激しいものでした。そうした恐さがある一方で、魂が打ちのめされたような、細胞の一つ一つが目覚めるような不思議さに惹かれ、何度も羽賀先生の稽古に通ったのが我々羽賀道場の創設メンバーでした。

私自身も高校生の時分、群馬県からインターハイに出場し、もっと強くなりたいと願い羽賀先生のもとを訪ねました。しかし速さと巧さで勝負していた当時の自分の剣道とは、根本的に違い一種のカルチャーショックを受けるとともに、これが本当の剣道だと直感しました。そして昭和37年4月に先生のもとに入門しました。スピードには限界があり、加齢とともに衰えてきます。羽賀先生は気攻め・気位を大切に、気は年齢を重ねても高めていけるものと指導されました。

それから、半世紀以上が経っていますが、羽賀先生亡き後もその教えを守り、気を錬る稽古を心掛けるべく今日までやってまいりました。

気当たりとは 脳髄・内蔵を圧迫するもの

剣道では「勝って打て」といわれますが、この「勝つ」が攻めで、その攻めの根幹をなすものが気です。まずは気当りで相手を動かすことが求められます。

羽賀先生はどんな相手でも気の抜いた稽古はせず、相手をあしらうような遊び稽古を厳しく戒めました。稽古時間が居合を含めわずか一時間ほどということもありましたが、ここで全身全霊をぶつけることを求めました。

相手の脳髄・内臓を圧迫するような気当りと表したのは、そのくらい烈しい気魄がなければ、相手は動かないということを説いたものだと理解しています。

呼吸が止まれば死に体
正しい姿勢・呼吸が大事

羽賀先生が常々おっしゃられていたのが「正しい姿勢・正しい呼吸」ということです。この二つができていませんと、気を錬る段階の稽古にはいたりません。

「ハッとしてはいけない。呼吸が止まれば死に体になる」と羽賀先生は折にふれて教えてくださいました。人間は、驚いたり恐れたりすると呼吸が乱れるものです。これは人間の本能的な仕組みであり、仕方がないものです。しかし、ハッとした時間は努力により短くすることができます。剣道の際はもちろん、歩くとき、座しているとき、先生は常住坐臥常に姿勢と呼吸を意識されていました。そして我々門弟にも注意するよう教えて下さいました。

「呼吸には、胸式呼吸・腹式呼吸・逆腹式呼吸の三つがあります。呼吸は意志の力である程度早くもおそくもできるのですが、身体や精神に変化があると、これに敏感に反応するものでもあります。剣道の修行において、平常心是道という教えがあります。この平常心の維持は、呼吸の平静の維持と言い換えることができます。（中略）平素の姿勢には充分注意する必要があります。特に逆腹式呼吸は正しい姿勢でないとできにくいものであります。丹田に力を入れて呼吸することは、姿勢がわるくては不可能です」

昭和37年全剣連高段者剣道講習会のために羽賀先生が書いたものです。腹式呼吸は鼻から吸ってお腹をへこませるように吐くのに対し、逆腹式呼吸は鼻から吸ってお腹をふくらませるように吐きます。こうすることで丹田に気がたまるのです。

姿勢とは文字どおり姿に勢いのあることです。無理な姿勢で長年稽古をすると、筋肉のつき方が均衡を欠き、生まれながらの身体と異なった姿になってしまいます。打突では、腰の充分に入った打ち込み、充分な基礎鍛練がないと小手先な剣道になり、雄大な位のある剣道にはなりにくいと結んでいます。その打ち込みを体得するために励行したのが、体当たりです。

気攻めの土台
面打ち体当たりで基礎をつくる

若い時分には、全身全霊をこめて力の限り打ち込むのは、のちに気攻めへの土台づくりになるという意図があったようです。この力の限り打つことを覚える方法が面打ち体当たりでした。身体を垂直にできるだけ水平に移動し、打突後の体当たりの際も前傾せず垂直に腰から当ります。相手の臍と自分の臍をぶつけるような気持ちでぶつかっていきます。

羽賀先生は我々が、力の限り思い切りぶつかる体当たりを一回の稽古で何度も受けていただきました。先生の身長は162㎝、体重は70㎏ほどとけっして大きな身体ではなかったですが、とても大きな山にぶつかっていくような感覚がありました。しかし体当たりの瞬間は柔らかく、真綿に包まれるような感じで存分に当たることができました。そしてときにこちらの打突や体当たりが中途半端になると、グイッと押し返され、こちらにその非を教え諭して下さいました。面打ち体当たりを繰り返すことで、相手との間合が計られ体の基礎ができ、姿勢が崩れなくなるという剣道の基本が形成されました。

表芸と裏芸
追い求めた居合と剣道

羽賀先生は剣道と居合道を表裏一体の芸ととらえ、両道を追究しておりました。

「剣道は表芸、居合は裏芸。居合の抜きつけ、納刀以外はまったく剣道である」と羽賀先生は説きました。現在、羽賀道場で行っている居合は、中山博道先生の有信館で羽賀先生が学ばれた大森流と長谷川英信流を主体としています。

道場での居合は剣道の前に行います。入門間もない会員以外はみな真剣を用います。文字通り真剣を手にすることで稽古に真剣味が出てきます。真剣は扱い方を誤ると自分はもとより、まわりで稽古する人々にケガをさせたり、ときに命を落とす危険性すらあります。真剣への接し方は竹刀の手入れ、剣道具の手入れにも反映され大切に扱うようになります。

そして居合の後に剣道を行いますが、居合と同じくすべて「斬る」ことを想定しています。ですから竹刀操作も刀の操作と同様に、竹刀を頭上に振りかぶり、腕の間から相手を見すえて打ち込みます。

必然の変化を重視
中心を攻めて隙をとらえる

体当たりで基本を学んだのちは、突くぞ、打つぞと中心をどんどん攻め、間合いを詰めて、相手の隙を打つことを求められました。

「攻めているときはどこを打つかはきめていない。攻めによる相手の変化や動揺に応じて技を選択するようにしている」。神道無念流の系譜に連なる羽賀先生はその流派の教えである「必然の変化」を重視していました。それを体得する上で重要なのが、掛り稽古です。打ち間に入り、相手の隙という隙を見つけては連続に打突を繰り返します。通常は技術の下位の者が上位の者に掛かります。掛かり手は打突の成否などは念頭におかず、これまで習得したすべての技を自分の呼吸が続く限り、仕掛けて打ち込んでいきます。前後はもちろん、左右の開き、横面、体当たりや足がらみで相手を崩して隙を生み出すなど多彩な攻撃を学び、剣道に幅をもたせるよう羽賀先生は指導されました。

先生は、技のつなぎ目、息のつなぎ目を許さず攻め上げたので、掛かり手はすぐに息が上がってしまいました。厳しく苦しい稽古でした。

また、激しく短い稽古をモットーに、一度技を発したら決まるまで、打ち抜くという考えがあります。羽賀先生は左片手横面から切り返して右片手横面、すかさず胴を放つなど、烈しい連続打ちを、一本を決めるまで打つことを根底においていました。このように目一杯攻めぎ合い疲れたら「まいりました」と稽古をやめます。そして乱れた呼吸を、腹式呼吸で素早く整え、次の稽古に臨みます。

羽賀先生の稽古というと唯唯荒稽古のイメージが先行しますが、考え方は繊細で非常に合理的でした。そして剣道に限らず人生の教えともいうべき極意を教授してくださいました。

「思い切って捨てて打てば道が開ける。人生も同じ。自分のことばかり考えていては敗者になる。自分を捨てろ、それが勝つ秘訣だ」。羽賀先生は捨て身の重要性を説きました。無謀と捨て身はまったく違い、相手の剣先がきいているにもかかわらず、打突にいき、突かれるのは捨て身とはいえません。

死に物狂いの稽古、心の通った打ち。そうすることで気が錬れ、相手の隙も見いだせると考えています。

朝は英気
気を集中させる朝稽古とエピソード

羽賀道場では週4回、火曜・木曜・土曜・日曜の朝稽古を定例としています。「朝は英気」といわれ、早朝の稽古は自分の覚悟さえあれば誰でも参加できる時間帯であると羽賀先生は説きました。気を集中させて、技を通じて気一杯の稽古をし、気持ちのよい汗を流して仕事に向かう。そこに朝稽古の意味があると考えています。

朝稽古が終わると、稽古のあと喫茶店や先生の営む剣道具店で、朝食をとりながら、いろいろな話をしてくださいました。

そのお話は、剣道だけにとどまらず人生のこと、社会情勢のことなど広範囲にわたりました。剣道技術もさることながら、そうした羽賀先生のお人柄から、羽賀道場の入門者は剣道修行者にかぎられていませんでした。読売ジャイアンツの荒川博、広岡達朗、王貞治、大毎オリオンズの榎本喜八などプロ野球選手、映画監督の伊丹十三、俳優の高倉健も殺陣のために居合を習いにきていたこともありました。

私が30歳の頃、具志堅用高が18歳で上京、協栄ジム会長からボクシングの逸材だからと家であずかりました。私生活の中で気の大切さを随分と話しました。凄まじいほど攻めのある先の掛かったボクシングは、この気攻めにありました。今、テレビでは好々爺ですが、世界チャンピンを育てる等、武の道を具現しています。

正面玄関から正々堂々
気の剣道は実生活に生きる

剣道は正気のぶつかり合いから、相手の気の隙間や気の崩れを攻めて、技を出し合うことが本道です。気のないところから出た技は技ではなく、技は気から発生されるものでなければ本物の技とはいえません。

正面玄関から正々堂々とした気攻めによって挨拶し、その後に奥座敷に入っていくことが剣道です。裏口や勝手口から入ったり、挨拶もせずに奥座席に上がったりすることは剣道の本来の姿とはいえないでしょう。

羽賀先生はその強烈な気当りから、間合い巧みに相手へ入っていきます。「時計にたとえれば振り子が左右に振動するその中間、相手の心の動きに生じる瞬間的な間隙である」と先生は表現されていました。今考えると呼吸の変わり目だと思うのですが、ここを攻められると息を吸うことができず、当然、こちらは苦しくなり、最後には呼吸が上がってしまいます。

このように剣道を通じて、呼吸、正しい姿勢を羽賀先生は説かれました。それは、社会においても通用する人間になれということでもありました。有事の際、いかに平常心でいられるか、呼吸を乱さず、ことに当たれるか。わたしも仕事のなかでさまざまな問題に直面し処理に当たりますが、羽賀先生の教えが生きていることを常々実感しています。

剣道自分史
羽賀準一の教えをつなぎ六十年

剣道は今、武と道が分かれて、勝ち負け優先の武だけが先行している。剣道はその昔、剣術と称して人を倒すための道具として発達した故に武が先行したのは仕方がないが、時代が下がり剣術の術を道に変えて、剣道と改め、武を通じて道を極めるという思想・哲学が生まれた。「剣道は武道だ」、「スポーツだ」という論争はあるが、私は、剣道を武道として、単に勝ち負けの道具とするべきではないと考え、さらに人間の幸せを追求するためのものとして捉えている。剣道を始めた頃、左拳は身体の中心から外すなと徹底して教えられたが、今の試合をみるとその面影はない。勝つためには仕様のない所作なのだろうが、正々堂々の風格がほしい。段階を経て行き着いた思考だが、剣道を勝ち負けの道具にするか、人間形成のための方便とするかはそれぞれの選択である。

私は十四歳で剣道を始め、十八歳で先師羽賀準一の門を叩き師事した。師が教えを授けてくれたのは僅か五年弱で、若くして逝ってしまったが、以降わたしは師匠といえる人を持たない。年数の多寡ではないその教えは大きく、以後の人生の指針となり、市井の剣道家として道統を守って現在に到っている。

現代社会において生活の質は向上して、日本人の寿命は世界で一、二といえるほどに延びた。少しでも長く生きて後進にこの世の現象と変遷を伝えたい。叶うかどうか分からないが、老害にならぬよう気を配り、稽古を続けて実現したいと思う。七十八年に及ぶ剣道人生の軌跡を辿り、三回にわたって記したい。

両親に深く今も感謝
子供たちの好きなことをやらせてくれた

昭和十八年（一九四三）五月、私は明治四十三年（一九一〇）生まれの父卯木近次と大正二年（一九一三）生まれの母和江の三男として群馬県高崎市本町で生まれた。七十八年前のことである。兄弟は昭和十年（一九三五）から昭和二十三年（一九四八）の十四年の間に兄二人姉一人弟一人妹一人の六人であったが、弟は戦後間もなく早世した。名を道雄といい、生後ほどなくのことだった。父と母は従兄弟の間柄で、祖母と父母、兄弟五人を合わせて八人家族の生活は賑やかで楽しかった。父は祖母の甥にあたり、幼少の時、子宝に恵まれない商家の祖父母のところへ養子として

昭和22年七五三の5歳の祝いの写真。戦後の物資が乏しい時代だったが近所の写真館で撮ったもの

迎えられた。しかしその後、祖父母は三男一女を設けたのだから、父は卯木の家へ福を持たらしたのかも知れない。

父は石橋をたたいても渡らない、と思えるほどに真面目な性格で、同業者からも信頼が厚く、組合の要職を任されるような人であった。母は埼玉県本庄市にある曹洞宗の寺の娘で、兄弟六人の三番目にあたる三女。姉二人は同宗の寺に嫁ぎ、下に弟二人妹が一人であった。母は本庄の女学校時代、バレーボールの大会に出たり、校内のゆかたの早縫競争で一番になったりと、活発な少女であったという。

母は子供にはとても教育熱心であった一方で、兄弟それぞれに好きなことをさせてくれた。大まかで気前のよい母、対照的に口数の少ない父は、子供達の願い事にはいつも「母ちゃんと相談して決めろ」というのが口癖であって、頼み事、欲しい物は何でも母にねだっていた。昭和十年早生まれの長兄は旧制だった中学校

6人兄弟の三男として育った幼少時代。お祭りの時に写真館で写したもの

へ入学するための受験勉強をしていたというが、戦後学制が変わり、中学は義務教育となってそのまま入学、受験は高校からとなった。高校で野球を始め大学でも野球部に所属した。家の跡を継いだ次兄は野鳥が大好きで日本野鳥の会群馬県支部を立ち上げ、支部長を長く務めている。斯界の大御所中西悟堂翁が何度か自宅へみえ、泊られることもあった。姉は兄弟で一番勉強が出来て、珠算が特技。全国の競技会の常連であった。私は母から「姉ちゃんを見習え」とよく言われたものである。妹は高校在学中に自動車の免許を取るほど活発であった。

こんな兄弟五人、今も配偶者とも全員元気でこの世の安楽を享受して自由に暮らしている。この世を僅かに生きて、幼き命の火を燃焼して逝った弟が、あの世から皆を守ってくれているのではないかとこの歳になって思う。

私が生まれた昭和十八年は先の戦争の真っ只中だった。この年の出産数は二二五万三五三五人と記録されているが、七十八年後の今年と比べて三倍近い数だ。戦時中の同年生まれの人達が今ど

現在一剣会羽賀道場の三代目会長を務める著者近影

護衛艦隊司令部幕僚長、海上幕僚監部監察官等を歴任し、海将補まで務めた叔父の護衛艦「あやなみ」の艦長時代、甲板にて。中央に母親と三人の姉と著者

れほど存命しているのかと思う時がある。父方も母方も同じ血筋なのだが、母方の祖父大喜大和尚は、私の名前を五項目に渡って記してくれた。

その原文の一、姓名讀下シノ義として「卯ハ東ナリ、東ハ四季ニ於テハ春ナリ、春ノ木ハ発芽セントシテ生気ニ満チ生々発展ヲ意味ス、而シテ我國ハ日出ヅル國、日ハ東天ヨリ昇ル、卯ハ日ノ本ノ國ト意義通ズルモノアリ、今我國ハ大東亜ノ盟主トシテ建設戦ヲ戦ツテ居ル最中ニ生レタル男子ナレバ此ノ姓名ニヨリ誠忠ノ人物トシテ弥榮ノ日ノ本ノ國ヲ益々栄エ発展、世界ヲ照明シ得ル國家タラシムル意ヲ有スルモノナリ」とそして二、天地ノ権衡、三、陰陽ノ配列、四、五気の変化、五、姓名総画数を羅列している。戦時中とはいえ和紙風の赤い罫線の行間に青インクで書いている。古びたB5サイズの一葉は大事な宝物である。

寺で生まれて人の生き死にを常に見て育った母は、寺の跡を継ぐべき僧侶であった上の弟を昭和二十年沖縄戦で失った。摩文仁の丘にある戦没者の石碑の埼玉県の最初に、その姓名が刻まれている。下の弟は本庄中学から広島県呉の海軍兵学校に入学六十九期生として日米開戦の年、昭和十六年（一九四一）三月卒業、四月少尉に任官、十二月八日のハワイ真珠湾攻撃に参戦。昭和二十年八月潜水艦で出撃準備の中で、十五日の終戦となったという。戦後は、警察予備隊が発足し自衛隊となったが、これに入隊。護衛艦隊司令部幕僚長、海上幕僚監部監察官等を歴任し、海将補まで務めて退官した。

母は戦死した僧侶の弟と軍人から自衛官になった二人の弟の命運と禍福の無常観を強くしたと思う。こんな思いがあってのことだろう、さほど裕福とは思えぬ家計の中で子ども達には精一杯に好きなことをさせて育ててくれた。「良い星の下に生まれた者は良い人生を送る」と母が言っていたのも自分の弟達を含めて、戦中・戦後の荒ぶった不条理な世の有様を教訓にして得たのだろうとうなずける。

私が生きたいように、剣道と日本犬の研究に生きて来られたのもこんな母の想いが背景にあってのことかも知れない。もちろん五十数年連れ添った妻の理解のもとにあることは重々承知の上で感謝している。母は筋目の行事を大切にして育ててくれた。昭和二十二年七五三の五歳の祝いの写真では、戦後の物資が乏しい時代、近所の写真館で撮ったもので両親の愛情を感じる一葉である。

高崎第一中に剣道部創設 中学二年で剣道を始める

私が生まれた高崎市は北関東の交通の要所である。商業が盛んな街で、市中は昔も今も賑やかな表情を見せる。こんな環境の中で昭和二十五年高崎市立北小学校へ入学。一クラス六十名近い学級編成は今では考えられないほどの過密である。

少年期の記憶は薄いが、それでも正月元日の登校日のことはよく思い出す。当時若手の衆議院議員であった中曽根康弘さんのことである。同校の出身者でもあり、住居は隣の町会で我が家から、

三、四百メートルの近くにあった。氏は元日の朝は必ず朝礼に来られて挨拶をされた。他の来賓や先生の言葉は記憶にないが、毎年の話の中で必ず「今日はお餅いくつ食べましたか！」である。まだまだ食の環境も充分ではない時代のこと。子ども達は口々に俺はいくつ、私はいくつと一斉に応える。民衆を引き付ける術は天性のものだろう。そして内閣総理大臣になった。今持って懐かしく思い出す子供の頃の一こまである。

　学校は好きだったが、勉強はあまり好きではなかった。三年生から珠算塾へ、六年生になっては英語塾へも通うようになった。珠算は高校まで続けて初段に合格。全国競技会へも出場したが英

高崎商業高校時代の一葉。白い道着が恩師の中島庫吉先生。著者は後列左から二番目

岐阜へ向かう高崎駅へは多くの人達が見送りに来ており、五色のテープで激励してくれた

群馬県予選で個人優勝し、岐阜県で開かれた第八回高校総体へ出場した時の宿舎前にて

語はまったく不得手で嫌いだった。昭和三十一年三月小学校を卒業した。この時「右者成績優良につきこれを賞する」という賞状をいただいたが、この後学業に関するこの手のものには縁がない。

昭和三十一年（一九五六）四月高崎市立第一中学校へ入学した。初めて男の先生の担任となり嬉しい気持ちになった。小学生の時は六年間女性の担任だった。まったくの推測でしかないが、戦争の影響で男性教諭が少なかったのだろうか。中学生になってクラブ活動が始まった。一年生の時のことは思い出せないが、二年生になった春、剣道部が創設され、友人に誘われた。それほどの興味はなかったが、勧められるままに入部を決めた。剣道人生はここから始まった。指導教諭は国語の金井勇先生だった。重厚な方で生徒には優しく接して教えてくれた。運歩に始まり素振り面打ち小手面打ちと徐々に覚え、夏休み前に道具を着けての稽古が始まった。同年の秋「剣道二級、右許可する」の免状があるから稽古に励んでいたのだろう。この年父が歩行に支障をみせるようになり、春先から方々の病院を廻ったが、原因が分からず秋口になって前橋の群馬大学付属病院で脊髄腫瘍と診断された。半年余の入院、手術して全快したが、左足をひきずる後遺症が残った。祖母は父が入院中に亡くなった。家の蓄えは底をついたというが、跡を継いだ次兄のおかげで乗り越えられた。長兄の結婚もあったりし、心配したり、悲しんだり、喜んだりが交錯した二年弱だったが、剣道は続けた。三年生になり市民大会の優勝の賞状もあって剣道に熱心だったことが伺える。

生涯を決定づけるインターハイと日本犬の思い出

昭和三十四（一九五九）年四月、群馬県立高崎商業高等学校に入学した。兄二人も同校卒業で商家育ちの叔父達も皆同様であった。同校は歴史も古く、県下一を自認する商業高校で群馬県全域から生徒が集まっていた。躊躇なく剣道部に入部した。同部は戦前からあったが、戦後進駐軍による剣道禁止令等によって活動の停止を余儀なくされていた。昭和三十年（一九五五）剣道部は再開され、群馬県警察の師範を務められた沖昌憲先生を監督に迎えていた。私が入学した昭和三十四年我が校は団体で第六回の高校総体（インターハイ）に出場した。剣道部の意気は上がり、一年生だった私も稽古に明け暮れた。その頃からは中島庫吉先生を監督に招聘し、指導を仰いでいた。稽古は激しく三十名近い部員は毎日ヘトヘトだったが意気は旺盛だった。二年生になり団体戦で、四名の三年生の中に加わりレギュラーとなって、横浜で開催された関東大会へ出場した。試合の内容は覚えていないが入場行進は感情高まるものがあった。

この頃の出来事である。稽古中に足首を捻挫、大したことはなかったが、念のため近くの接骨院で治療を受けた。ここに雌の紀州犬が飼われていた。通院する間にこの犬に興味がわいてきた。この出会いが、私の一生を左右するほどになるのだが、この時は知る由もない。人生どこでどうなるか神のみぞ知る、である。こ

紀州犬由紀姫号を飼育したことで、日本犬の研究を始めるきっかけとなった

の紀州犬が昭和三十五年十二月に子犬を生んだ。真っ白な子犬は可愛く、欲しくて欲しくて母にねだった。これが日本犬の研究を始める一歩となった。当時のお金で五千円程の御礼をしたと思う。この子犬は社団法人（現公益社団法人）日本犬保存会の和紙の血統書付きで、犬名は由紀姫号という立派なものであった。犬を介してこの接骨院へよく遊びに行くようになり、結婚する時には院長へ仲人の依頼をするほどになった。

話は戻るが剣道中心の生活は続き、三年生になってキャプテンを務めた。そして昭和三十六年の夏高校総体（インターハイ）の群馬県予選が開催された。団体戦は惜敗したが、個人戦で優勝して岐阜県で開かれた第八回の大会へ出場した。同年の七月初旬、高校の体育館に全校生徒が集まり、他のクラブで全国大会に出場する生徒も含めて激励の壮行会が催された。晴れがましいひと時であった。

八月に入り、いよいよ岐阜への出発である。高崎駅へは多くの人達がいて、五色のテープで見送ってくれた。あの時代スマホ等の機器は及ぶべきもなく、テレビだって普及途中の頃の話である。東京へ出て岐阜へは夜行列車で行った。新幹線はまだ走っていない時代、六十年後の今では考えられないことである。

大会は盛大で熱気にあふれていた。ここでも入場行進が特に印象的であった。審判長は湯野正憲先生で、複数の試合会場の一斉開始の合図は首から下げた豆腐屋のラッパの「プー」という音だった。この時は偉い先生が面白いことをするもんだと思った。後の話になるが私が千代田区飯田橋で飲食店広川を営むようになり、湯野先生が来店されて驚いたことがある。先生は日本武道館の近く、靖国神社の隣にある東京都立九段高校の教諭をされていた。以来時たまお見えになったが懐かしく思い出すことである。

インターハイの試合は一回戦で負けた。相手は北海道の砂川北高校の背の高い選手だった。試合の内容は記憶にないが、今でも剣道をされているのだろうかと思う時がある。この経験はその後の剣道生活を考えた時の通過点として貴重なものとなっている。大会に出場するまでの忙しかった思いはあったが、高崎へ帰ると間もなく高校卒業後の進路のことが持ち上がった。三男で家を出

神田多町にて営まれていた羽賀先生の剣道具店「梅田號」の前にて。先師羽賀準一と奥様

る身である。母と話しあい進学をすることを決めていたが、お盆が過ぎて剣道部の監督、中島先生に進学の相談をした。商業高校である同校の五百余名の三年生の生徒の多くは家業の跡継となったり、就職をする者が多く、進学を希望する者は少なかった。日本の経済力はまだまだ低く、若い労働力が金の卵と持てはやされている時代であった。

中島先生は「東京へ出て大学進学するなら、剣道の実力日本一といわれる羽賀準一先生という人がいるから弟子になれ」と言われた。すぐに連絡をしてくれたのでしょう、剣道界のこと等何にも知らない両親や私を心配してくれて、羽賀先生に会える手はずを整えてくれた。八月末頃だったと思う。

母と二人で上京、神田多町にある先生の剣道具店へ伺った。店は神田駅から五、六分の所にあった。がっしりとした木造二階建ての家の一階で先生は剣道具店「梅田號」を開いていた。「梅田號」は江戸時代の末期、慶応元年に創業した店で看板の「梅田號」の文字は山岡鉄舟の揮毫である。この由緒ある屋号を借りて昭和二十九年に開業されたという。母は剣道のこと等何の知識もなく、唯々息子のことが心配で先生に相談したと思う。先生はにこやかに迎えてくれたが、私は緊張でガチガチ、何を話したのか覚えていない。

高崎へ帰り、先生と連絡をとるようになった。大学へ入るまでの半年余りの間、神田一ツ橋の文部省所管の国民体育館で、先生が主宰する朝稽古の会へ月に一度のペースで通った。今までに経験したことのない面打ち体当たり、切り返し等いずれも大きくふりかぶっての動作である。新鮮で刺激的だった。

そんな中でも飼育していた紀州犬由紀姫号を繁殖させた。子犬が生まれ血統登録するために昭和三十七年一月日本犬保存会へ入会し会員となった。大学へ入学する三ヶ月前のことで、以降ずっと継続会員である。この時から剣道と日本犬の二本立ての人生を

送ることを決めて今に続いている。そして高校生活も終わる頃剣道三段となった。四月、大学へ入学。父の末弟の家、総武線沿線の小岩に下宿して新しい生活が始まった。

先師の居合の虜に自らも真剣を手に入れる

昭和三十七年四月群馬県高崎市の親元を離れ、上京した。大学入学の大きな目的は剣道なので、神田の朝稽古と大学の部活動への気合いは充分だった。下宿は都心の御茶ノ水駅から千葉駅までの国鉄（現ＪＲ）総武線のほぼ中間の小岩駅で下車、叔父さんの家の二階に決めた。他にも下宿生がいたが、私は三歳年上の明治大学生の林さんの了解のもとで、同室となった。和歌山県御坊市出身のとても親切な方で今でも交流している。叔父さんは会社員で夜は遅く、日頃会うことは少なかった。叔母さんは神田生まれの面倒見の良い人で、従兄弟の間柄になる元気な男の子が二人いた。先号にも書いた昨年末に生まれた紀州犬の子犬を、叔母さんにお願いして庭で飼ってもらえることになった。

先師のつながりから、日本刀の研究者・佐藤寒山氏経由で手に入れた二尺五寸二分の日本刀

こんな住環境の中で大学生活が始まった。入学の折、母が先師の所へ東京での生活と指導のお願いで上京し私も同行した。その時居合の刀の話になった。居合は朝稽古で見たのが初めてだったが、先師の刀を操る力強さ、目にも止まらぬ納刀。「俺も居合をやりたい！」と一瞬にして虜になっていた。その頃居合をする人は少なく今のような合金の模擬刀はなかった。当座は先師や先輩の刀を借りて稽古をするのだが、居合を続けるには自分で調達するしかない。それに刀の長さは徳川時代に制限されたこともあって、刃渡り二尺三寸五分前後（約七十センチ）のものが多く、身長が高くなった現代人に適する二尺五寸（約七十五センチ）を越える刀は少なかった。長寸の刀を探し求めるのは難しく、先師は現代刀匠 塚本起正に作刀を依頼するか、剣道を通じての知己である刀剣学者の佐藤寒山氏に紹介してもらっていた。その日、先師は居合に適した刀があるが、と言って白鞘に納まった一振りを見せてくれた。寒山氏がしっかりした良い刀だが、偽名と鑑定したもので、銘は肥前国住武蔵大掾藤原忠廣と刻まれていた。この二尺五寸二分（約七十六センチ）の直刃の日本刀、美しく手に取って見とれているうちに、母が購入を決めてくれた。拵は先師にお願いした。後年のこと、先師が生前に刀の研ぎや拵も一緒にお

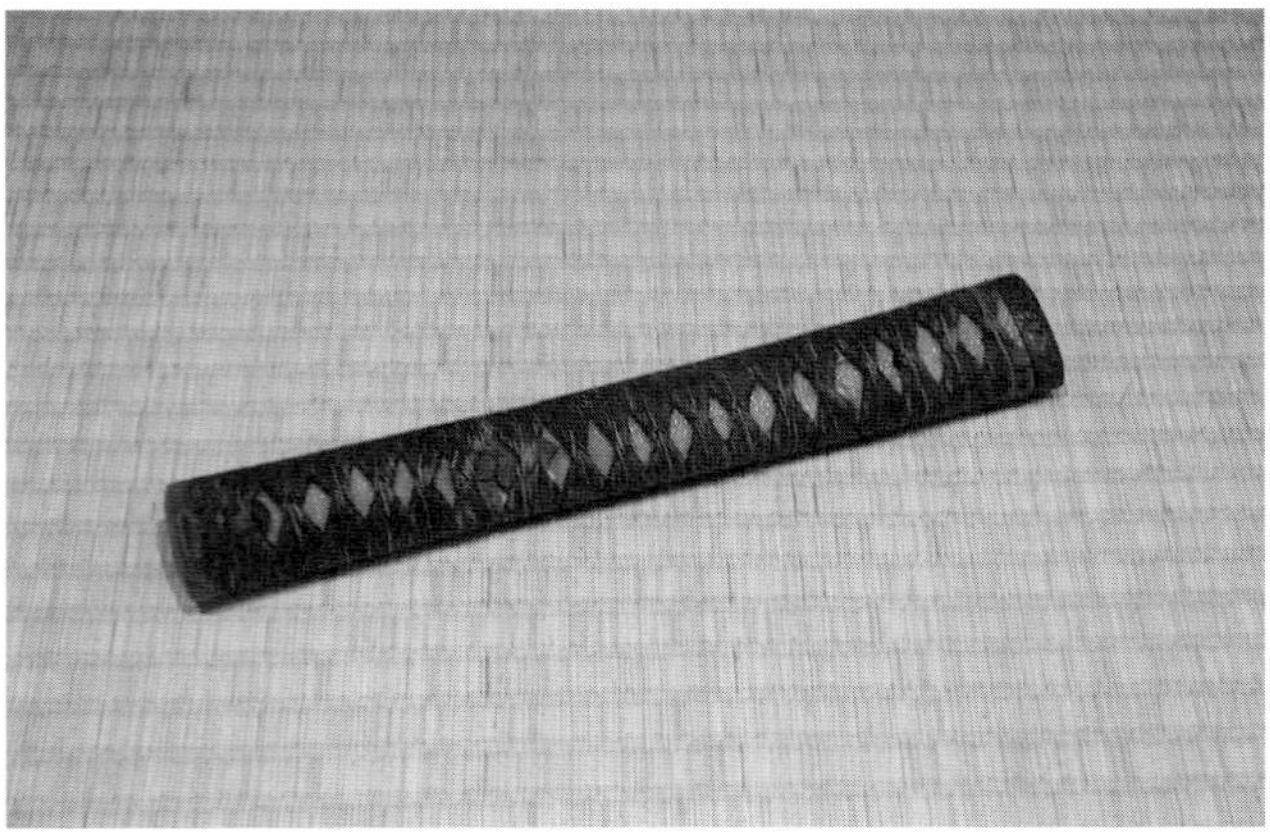

最初に手にした日本刀の柄。素振りで振り込んだため柄糸が絞りに合わせて斜めにねじれ歪んでいる

願いしていた研師の大森宏さんが「羽賀先生はお弟子さんの刀の口銭を取らない珍しい方でした」と話されていた。今は息子さんが跡を継がれているが、私も同様にしてお世話になっている。刀の拵は三カ月ほどで出来た。初めて腰に差した時の嬉しさは、侍になったようで忘れられない。

朝稽古に使う国民体育館は昭和十二年文部省が近代的体育館として建設したもので、神田一ツ橋にあった。下宿から約一時間、早朝出発し御茶ノ水駅から歩くか、次の水道橋駅から都電に乗り換えて利用した。広さはバスケットコート一面ほどで東西方向にゴール、南と北側が観客席で、厚い板の観客席が五段ほど段々に連なっている。稽古は火木土日の週四日朝六時半から八時まで、居合と剣道を半々に割っていた。体育館に着くと、木製のモップで掃除をするが、先師は率先していた。慌てて「代わります」と言うと「早く着替えて稽古」と言われる。剣道具の準備と片付け、風呂で「背を流します」と言っても、「手がある」と万事この調子。後進の手を煩わせることはなかった。これらは終生変わらずで、先師の剣道に対する修業心の表れであったのだろうと思う。私は先師から荒い言葉を聞いたことがない。後進に掛ける心情は厚く、巷間で言われている若き日の歯に衣着せぬもの言いは剣道界の行く末を案じ、斯界を牽引する方々への危惧の念からで、一部の高段者への奮起を促すためのものだったのではないかと今にして思う。

居合はまず刀の素振りから入る。頭上に水平にかぶり、水平まで斬り下ろす。振り下ろして拳を絞ると剣先が反転する。これを「剣の復活」と言い、この幅が斬れ幅となる。高齢になるとこの幅が小さくなり刀の収まりは良くなるが、若い人はスナップが強くこの幅が大きい。通常は素振りを三〜六カ月、次に納刀の稽古に入る。刀の出入口である鯉口の少し前に左拳を出して握り、人差し指と親指で小さな楕円の輪を作る。そこへ刀と鞘を横に寝かせ鍔元の峰を当て、刀と鞘が水平になるようにして右手を円を描きながら前方に伸ばすと同時に左手を腰に引き付けて納刀する。腰に差した刀は水平に整える。素振りと納刀が出来るようになると大森流一本目初発刀の稽古に入る。ここまでが最も大切な基本で、これが出来ると次々の所作に進む。

国民体育館の朝稽古と法政大剣道部の思い出

羽賀道場という名称は先師亡き後のことで、神田あるいは国民体育館の朝稽古と称していた。少しでも早く強くなりたくて朝稽古へは休まず通った。入門した同じ頃、若き俳優伊丹一三（後に十三）が『北京の五五日』というアメリカ映画に日本軍の将校役で出演するといって刀の使い方を習いに来た。海外での撮影ということもあり、短期間で刀を扱う要点を教示するのに、先師は私を見本にしながら一緒に刀法を教えた。思いがけなく素振りの時間が短縮され、前に進められた。大学の剣道部は八月末の合宿を約して六月末に前期終了。七月に入り帰郷、半ば過ぎのこと、先師が群馬の実家へ来られた。その時高崎市の剣連会長の古関幸平先生が主宰する東部通信工業㈱の剣道場で稽古をされた。先師の強さは、情報としては理解していたが、神田の朝稽古では面打ち、体当たり、掛かり稽古ばかり。

私が育った高崎の先生方が先師とどんな稽古をされるのか、興味は津津であった。立合いは蹲踞して立つや竹刀を二三度かわすとズッと歩み入って相手に打つ隙を与えない。そのまま振りかぶって打つか、壁際に追い詰める。次々とである。ためらいのない攻めと強さ、唯々凄いという一語に尽きる光景であった。その晩実家で家族を交え夕食を共にした。先師は剣道のケの字も知らない父に剣道の話をするのだが、父は嬉しそうに聞いていた。

地方の盆が過ぎた八月下旬の一週間、入学後初の合宿が静岡県伊豆下田で行われた。全体で百七十名余り、この合宿に先師は渡辺敏夫、中島五郎蔵の両先生を伴って参加された。宿舎から稽古会場への行き帰り、胴と垂姿の学生が四列縦隊を組み、部旗を先頭に校歌、部歌を斉唱しながら行進。六十年前のことだが、今こんな蛮カラなことをする学校はないだろう。この合宿で終生の友となる一年先輩の塚越健二さんに出会った。

大学入学と同時に下宿した叔父家の同宿生と従兄弟。当時は大学生も詰襟の学生服で通学した

国民体育館にて昭和三十九年頃。先師羽賀準一の右隣となる二列目右から二番目が著者

私が一年生の勝ち抜き高点試合で何人かに勝った。その夜のこと、二年生の部屋に呼ばれた。何事かと思って行くと「お前、羽賀先生の所へ行っているのか」と言う。ハイッと返事をし、神田の朝稽古の様子をいろいろと話した。聞けば高校生の時、大学の藤田毅先輩と一緒に行ったことがあるが、その時は通えなかったという。その日「今度、俺も行くよ」と言われた。合宿では中島五郎蔵先生に稽古をお願いしたが、面越に「君は羽賀の弟子か」と言われ、ハイと答えると「しっかりやれよ」と声を掛けてくれた。それは嬉しかった。中島先生との稽古はその時だけで、以降先師の店梅田號で何度かお会いしたが、稽古も話も角がなく、優しさを感じさせる方だった。剣道部の稽古は四年生まで続けたがその方針に理念の異なりを感じるようになり、神田の朝稽古に重きを置くようになっていった。四十年後、剣道部の長谷川監督が創業した伊豆修善寺の竹林に囲まれた温泉旅館「柳生の庄」で還暦を迎えた同学年生が集まり、庭内の剣道場で稽古、旧交をあたためた。

終生の友となる法政大学剣道部の一年先輩、塚越健二氏との一葉

プロ野球選手、映画俳優と朝稽古の多士済々の面々

合宿での話の通り、九月に入り塚越さんが朝稽古に顔を見せるようになった。私は居合を始めて半年が過ぎ、大森流十二本をたどたどしくも抜いていた。彼は横目で見ながらの素振り。器用な方で呑み込みは早く三カ月も経つと大森流を抜くようになり、長谷川英信流は一緒に習った。秋口に入り、プロ野球の選手達が朝稽古に来るようになった。荒川博巨人軍コーチ（後にヤクルト監督）が、刀で物を斬る時の絞りと、バットで球を打つ瞬間の絞りは同類のものではないか、という理論のもとで、これを体得させるというのだ。先師は合気道の創始者植芝盛平翁と戦前からじっ魂の間柄であったが、この合気道に通っていた荒川さんが翁の口添えもあって、広岡達朗選手を伴って朝稽古に来たのだ。王貞治、榎本喜八、須藤豊等の選手も連れて来た。先師は、人は利き腕に力を入れすぎて、左右のバランスを崩すが、利き腕を反対の腕に合わせて、自分の足元を斬る位の気持ちで振り下ろす。感覚的に球を捕らえる時、バットは水平になるという次元の異なるダウンスイングの教えである。選手達は刀の絞りとバットで球を打つ瞬時の間の取り方等のポイントを暫く通い伝受されていた。その後朝稽古にみえるのは荒川、広岡のお二人になった。稽古後に車で大学へ送ってくれることもあって、野球界の珍しい話等を聞かせてくれた。

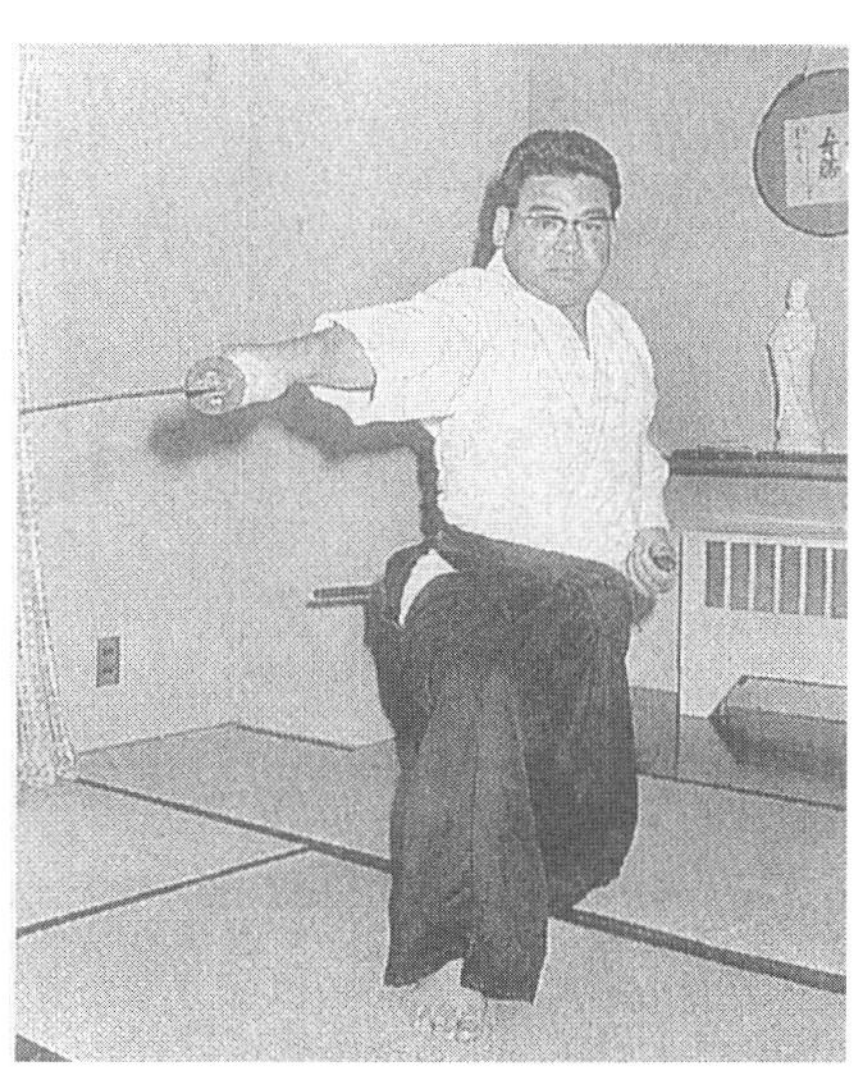

巨人軍荒川博コーチを筆頭にプロ野球の選手達が朝稽古に来るようになり、刀の使い方を学んだ

昭和三十八年のこと、高倉健が『宮本武蔵二刀流開眼』という映画、佐々木小次郎役で出演するということで、先師が刀法を指導した。この映画は昭和四十年に封切られたが、先師はこれを観て納得し喜んでいた。氏はその後武道館の朝稽古に時折みえた。

私の所に居住していた若きプロボクサーの具志堅用高が、小道場の前で会って喜んでいた。謙虚で口数は少なく、高貴な侍のような品格、姿勢の良い人だった。朝稽古は多士済々で有名人もよくみえた。その時は賑やかになるが、普段の稽古は至って真剣だった。

産業振興㈱の社長徳島佐太郎さんは異彩を放った方で、時々顔をみせ私等と稽古をした。皆がいくら打っても知らん顔で泰然としている。先師は「君等とは貫禄が違うよ」と一笑。ある日、氏に聞いた。「人の為になるにはどうしたら良いですか」と。即答

入学後初の剣道部合宿が伊豆下田で行われた。二列目中央付近に、先師羽賀準一の姿があり、一人おいた右隣に渡辺敏夫、中島五郎蔵の両先生

で「真面目に生きること」と唯ひと言。人は誰でもが生きる為に衣食住等で流通の一端を担っている。殊更な行動をせずとも、普通に社会生活を営むことで自然に人々の役に立っている。大仰に構える必要はない、というのだ。

ひとつの考え方として心の糧になっている。

私の二歳年上の久間章生（ふみお）さんとは、朝稽古にみえた東大生の中で一番稽古を重ねた。上下白の稽古着姿で、常々代議士になると言っていた。官僚を経て初代の防衛大臣になられた。初志貫徹は立派だと思う。

先師を通じて武道界の重鎮たちに会う。

ある日のこと、先師に皇居内の済寧館へ行くぞと言われ、稽古をする機会に恵まれた。初めて見る済寧館は荘厳で立派な佇まいの道場である。先師は昭和八年警視庁剣道助教に任命される前の約四年間、ここを舞台に活躍した。古巣でもある。中山博道先生が師範を務めていたこともあって全員白の道着に白袴。先師ははるか上座でいつも通りの姿をみせている。私は下座で稽古を始めた。地獄の始まりである。次から次と指名され断る手段もなく、稽古を続けた。息は上がり手足はバラバラ、稽古が終わるまで必死だった。地獄を見たことはないが、地獄と形容する以外の言葉は見つからなかった。

またある日のこと先師は「合気道の植芝先生のところへ行く

ぞ！」と言われてお供をした。新宿区若松町の合気会の本部だったと思う。和室に通され先師の後に座って待っていると、写真で見るそのままの白道着、白袴、白髪、白髭の植芝盛平翁が軽快な足取りで現れた。親しく話す先師と盛平翁、私はずっと畏まっていた。会話の内容は分からなかったが、旧知の間柄を看取させるに充分な、くだけた様相で柔和なまなざし。時折みせる鋭い眼光は威厳満ちあふれる風致を感じさせるものだった。

神田の朝稽古がない日は、講談社野間道場へも時々行くようになった。野間道場は戦後昭和三十七年秋から一般の剣道家にも開放されていた。こちらも朝稽古で七時から八時まで、持田盛二範士を筆頭に指導層は厚く、剣道修業者にとっては聖地のような感があった。東京周辺に限らず全国から剣士が訪れている。道場はいつも盛況で元立ちに立つ先生の前には何人もが並び、稽古回数を重ねるのは難しかった。先師は相手をすぐに打ち上げてしまうので、稽古時間は短く前に並ぶ人の順番は早く来る。列が途切れると次を待つことなく稽古を終わらせていた。ある日のこといつ

法政大剣道部の長谷川監督が創業した伊豆修善寺の温泉旅館「柳生の庄」で還暦を迎えた同学年生が参集した稽古会

国民体育館で居合を抜く著者。左隣で納刀の所作をする白の道着・袴姿はのちの防衛大臣となる久間章生氏

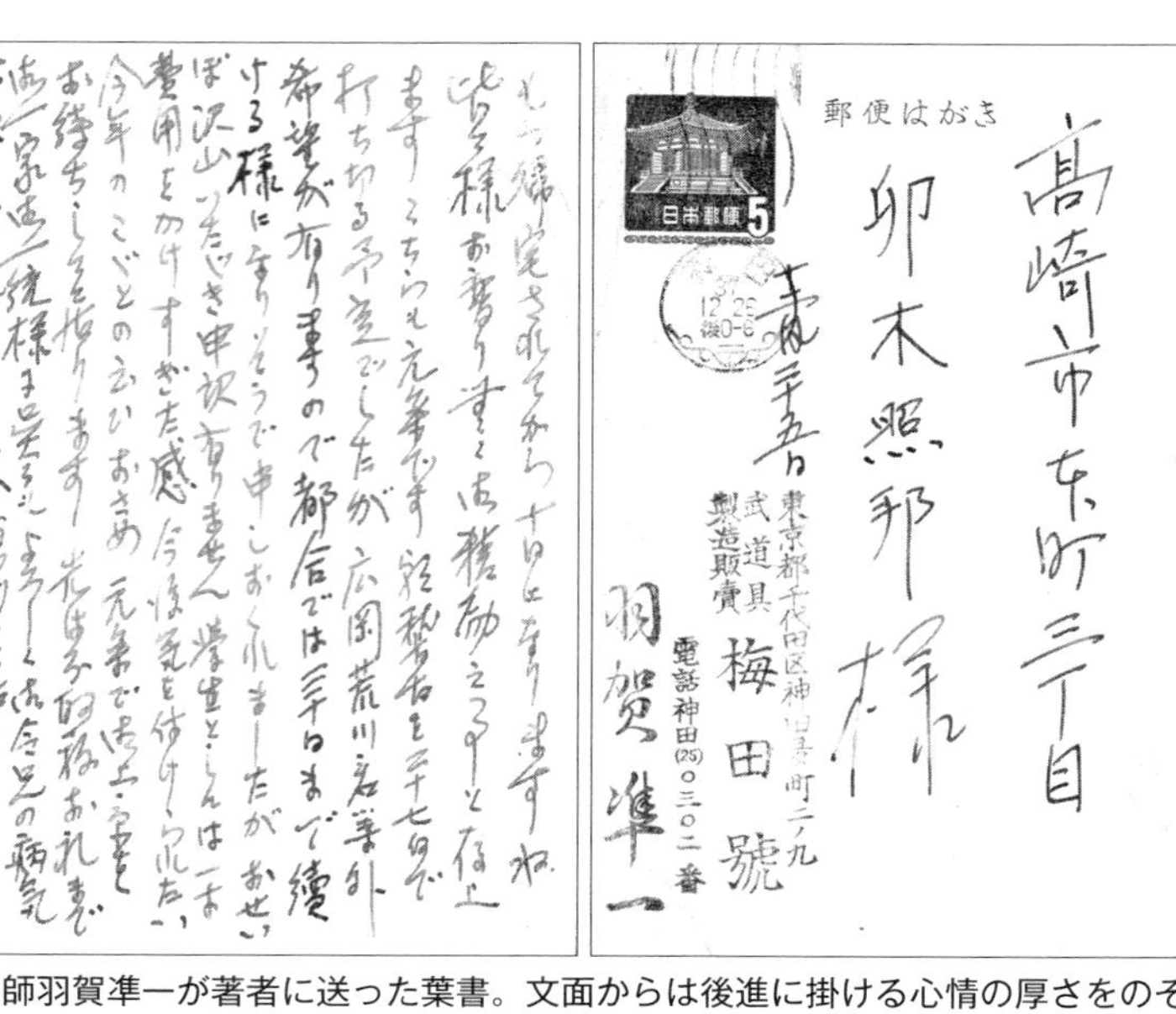

郵便はがき
日本郵便 5
高崎市東町三丁目
卯木照邦様
東京都千代田区神田■■町二ノ九
武道具製造販賣 梅田號
電話神田(25)〇三〇二番
羽賀準一

先師羽賀準一が著者に送った葉書。文面からは後進に掛ける心情の厚さをのぞかせる

も通り早く終えた先師に習い、道具を片付けていると「風呂へ行くぞ」と声を掛けられた。風呂は通常先生方が使われた後に皆が順々に入るが、言われた通りに中へ入ると持田先生が御一人で湯舟に浸かっておられた。手足を洗っていると先師が「中へ入れ」という。ハイと返事はしたものの恐れ多くて躊躇していると、持田先生が「お入りなさい」とひと言。この御言葉に意を決し「失礼します」と声を出して入った。それほど大きくはない円い木の風呂桶だったと記憶しているが、「私は先生と同じ群馬県出身です」と言うのがやっとだった。御年七十七・八歳の先生は「ホー」と笑みを浮かべて二言三言声を掛けてくれた。短い時間とはいえ剣道界では神様のような人。二人だけで湯船に浸ったことは夢のような出来事でいつも思い出す幸せのひとコマである。エピソードはまだまだあるが、先師は世間知らずのぽっと出の私に様々な出会いと、経験を積ませてくれたのだろう。

死の間際まで真摯に剣道に向き合った先師

昭和三十八年七月先師は芝浦工業大学の剣道部師範として招聘された。常々若い人を育てなければ、が口癖の先師の想いが実現し、己の剣道理念を実践され、自らが打たせ台になった。昭和四十年私はこの芝浦工大の熊本合宿に塚越兄と参加した。私も学生であったが、先師の代稽古で学生達の面打ち体当たりを受けた。受け慣れているとはいえ、相当な打撃があって、五十代半ばを過ぎた先師にとって、この衝撃は過酷であったろうと思う。

昭和四十年の秋口、先師の身体に異変が起きた。稽古中に竹刀を落とす等、今までに見たことのない光景。翌四十一年に入ると手足が痺れるというのだ。幾多の病院を廻ったが、はっきりせず病状は進み、歩行にも支障をきたすようになっていった。それでも朝稽古には顔をみせた。観客席に腰掛け、稽古に集まった者達を見守っていた。症状は悪化の一途を辿り、あんなに元気であんなに強かった先師がやっと歩いている。そんな姿をみせながらも、朝稽古に来て、弟子達の稽古を一心に目で追っている。先師が見ている！というだけで緊張する。張り詰めた空気が漲る。稽古が終わると静かに立って帰られる。死の間際まで真摯に剣道に向かう姿を崩さなかった。

とうとう歩けなくなり間もなく逝ってしまわれた。昭和四十一年十二月十一日、五十八歳の短い生涯であった。戦後剣道の復活に心血をそそぎ、奔走したが、剣道界の組織に組みすることなく、市井の剣道家として己が信じる剣道を真っ当された。若者を中心に指導に明け暮れした剣道人生は短くも本望であったと思う。常々、三年後、五年後を想定しての稽古が大切という先師の言葉が鮮明に耳に残っている。病弱だった奥様は先師の実弟である静岡の忠利先生（範士八段）の所へ身を寄せられたが、先師の四十九日法要の数日後、二月三日に急逝された。いつもご一緒の御姿を見せていたが、御子様はなく、仲の良い御夫婦だった。

大学を卒業して結婚
洋食店「広川」を開業。

話は前後するが、二年生になってバイトを始めた。剣道部の長谷川監督が経営していた「柳生」という料亭の板前が独立し、大学の住所と同じ千代田区富士見でトンカツを主体とした洋食店「広川」を開業した。店の手が足りず、剣道部員の私に声が掛かり、東京での生活にも慣れてきたので、手伝うことを決めた。このバイトが私の人生を大きく動かすことになった。店の奥さんの親戚の娘さんが時々店へ遊びに来ていたが、この人と仲良くなり結婚を決めた。母はすんなりＯＫだった。唯「卒業してから」と付け加えた。大学三年生も半ばを過ぎた頃から将来の仕事について先師に相談していたが、「卯木はサラリーマン向きではない。自分で何か仕事を考えろ」と助言してくれた。私も会社勤めは気が進まなかったが、先行きのことは漠然たるものだった。そんな折のこと、和食が専門の職人であるバイト先の店主は洋食が中心となるメニューの仕事に馴染めず、繁盛している「広川」を手離すという。突然の話ではあったが、妻となる和枝とも相談し、この店をやりたいと母に話し、父も賛成してくれた。譲渡等の費用は大学卒の初任給の約二百倍。銀行の人は父に「息子さん騙されていませんか」と心配したというが、父の保証で融資を受けることが出来た。妻の実家にも相当の負担をかけた。開店のことは体調を崩されていた先師に話すと、とても喜んでくれたが、結婚のことは「まだ早い」と言われたらどうしようと逡巡していた。とうとう話せず仕舞いだった。先師を失って三ヶ月後、道草を食って五年掛かった大学を昭和四十二年三月二十三日に卒業。良き師、良き友に恵まれ、多士済々の方々の教えを受けた剣道中心の大学生活は楽しかった。

三日後の二十六日郷里の高崎神社で結婚式を挙げた。長兄のセドリックで水上と草津温泉の二泊三日の新婚旅行を足早に済ませ、五日後の四月二日待望のトンカツ主体の飲食店「広川」を開業した。二十席ほどで店名はそのまま引き継ぎ、調理師や店員も残ってくれた。変わったのは経営者だけ。開店の日からお客さんは連日満杯。住まいは店の二階に構え、日本武道館へは一km弱、講談社野間道場へは三km余り、剣道を続けるにはまたとない立地条件、社会人生活はこんな形で始まった。

一ッ橋剣友会羽賀道場
稽古場は日本武道館第二小道場

師匠を亡くして四ヶ月が経った。大学を卒業し結婚式を済ませた七日後に開店した「広川」の客足は順調で連日忙しかった。ところが朝稽古で利用していた神田の国民体育館が、隣接する共立女子学園に払い下げで移管されることになり使えなくなった。師匠を失い稽古場も無くなるダブルパンチ。途方に暮れた。朝稽古会の中心的人物であった張東緑、園田直両先生の呼びかけで主な弟子達が集まり、今後のことについて協議。迷うことなく稽古会の存続を決めた。名称は先師の名字と国民体育館のあった地名を併せて、一ッ橋剣友会（後に一剣会）羽賀道場と命名した。会長は園田直、事務局は神田司町で印業を営み、先師の晩年における身の回りの御世話をされた高橋利雄さんにお願いした。稽古会を続けることは決まったが会場が見付からない。暫くは朝稽古が出来るところ、という条件で転々としたが、秋口になり日本武道館の第二小道場が使えることになった。神田の稽古日と同じ火木土日の朝、週四日、武道館の行事で使えない日もあるが、安住の道場を得て現在まで五十四年間に渡り稽古を続けている。

初代会長、園田直、二代会長張東緑両先生は昭和五十九年四月二日、平成二十三年五月十四日に黄泉の国へと旅立たれた。誠に残念であった。平成十年からは私が三代目を務めている。長い時間が経過する中で稽古に来る会員の顔触れも随分と変わり、先師の直弟子で今も現役で稽古を続けている者は少なくなった。藤森将之さんは八ミリ映画が希少な時代、国民体育館で先師の居合映像を映した。当会のホームページにアップしているが、後進の道標ともなる貴重なもので、居合を志ざす人は必見の価値がある。野口貞夫さんは芝浦工大の卒業生、大畑宗郷さん、今井良一さんは国民体育館で教えを受けた最後の弟子、皆七十歳を越えた。武道館の小道場はアリーナの脇に畳の第一小道場、通路を隔てて対面する板張りの第二小道場、隣接して和室が二間あったが、今は改装されて板張りの第三小道場となっている。私達が使う第二小道場は間口五間、奥行十間の五十坪（百五十平米）で、第一小道場も同じ広さ。正面に神棚、右脇に「文武不岐」の大きな額、床板は体育館仕様の固いものではなく足裏に優しい木材が張られている。

道場に入ると左の角が園田先生の定位置であった。先生が先師に師事した切っ掛けはお茶の水にある診療所の渡辺という医師に「本当の剣道を習うなら羽賀先生に習え」といわれてのことだという。代議士になって意気盛んな先生は郷里の天草中学で始めた剣道を続けて自信があったが、最初の稽古で学生達に打ちのめされて即入門を決めた、と後に語っている。合気道は先師の導きで植芝盛平翁を紹介されて、始めたという。私は神田の朝稽古で園田先生に稽古をお願いするようになった。先生は母と同じ大正二年生まれで、その時四十八歳。私と年の差三十年。稽古を積まれている先生にすれば大学一年生の剣道なんてたかが知れている。最初は位取りをするが、攻められて応じられずすぐに掛かり稽古となる。

神田の朝稽古の五年間、面打ち体当たりに始まり組打ちもあった。稽古会場は日本武道館へ移ったが先生の剣道に対する信念はより強くなった。内閣官房長官、外務大臣、厚生大臣等々の要職を歴任、政務にあたられる多忙な中で、在京の時は稽古にみえた。こんな偉い人の頭を皆で叩いていたのだ。打てば打つほど「いいぞ、いいぞ」と褒めて引き出してくれる。稽古には神田の時から早坂さんという園田事務所の方がいつもお供されていた。稽古を終えるとすぐに帰られることが多かったが、時間に余裕がある時はパンと牛乳を沢山持って来られ剣道場に隣接する和室で車座になって稽古のことや時事の政治問題等を座談してくれた。「国会の赤い絨毯を走りたくなることもあるが、そんな時こそゆっくり歩く」とか、「次々と起こる問題で大切なのは如何に決断するか」とか、剣道で割り出すことは多い、と言っておられた。ロッ

日本武道館の第二小道場にて撮影した一ッ橋剣友会羽賀道場、初代会長園田直先生と著者

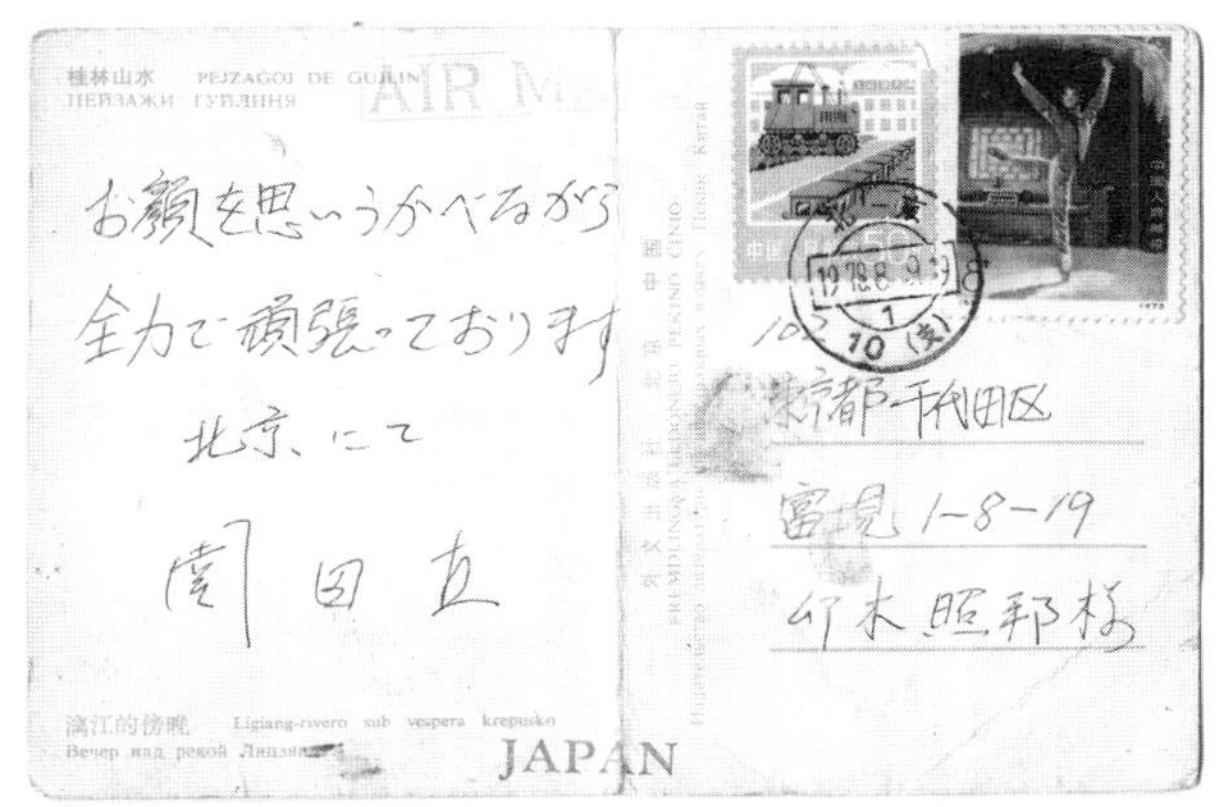
桂林山水　PEJZAGOJ DE GUILIN
ПЕЙЗАЖИ ГУЙЛИНЯ
AIR MAIL

お顔を思いうかべながら
全力で頑張っております
北京にて
園田直

東京都千代田区
富見1-8-19
竹木照邦様

漓江的傍晚　Ligiang-rivero sub vespera krepusko
Вечер над рекой Лицзян
JAPAN

昭和五十三年、日中平和友好条約締結の数日前に、園田直先生が北京より著者に送った絵葉書

長野県の飯綱山麓に「神道無念流開眼の地　厚生大臣園田直」の石碑を建立。著者らが演武を行なった

キード事件で政界が大変な時、関連を心配してためらいながら尋ねたら「私のところへは話がなかったよ」と一蹴、大笑いしたことを覚えている。

先師の一周忌は国会議事堂前庭の憲政記念館で先生が主催した。中島五郎蔵先生を始め剣道界を牽引する方々が見えて盛大だった。三回忌を済ませて、昭和四十五年六月、長野県の飯綱山麓に「神道無念流開眼の地、厚生大臣園田直」と先生が謹書して石碑を建立した。除幕式には地元の小坂善太郎代議士、他多くさんの方が集まった。私は塚越兄と居合を奉納演武、中島五郎蔵先生も参列された。これを記念して剣道大会を開き先師の弟子やその教え子達が集まった。この催しは六回続けた後、発展的解消して合宿へと繋がって行く。

七回忌を済ませ十三回忌当日、日中平和友好条約批准書交換のため中国副首相鄧小平が来日。外務大臣であり締結の日本側全権委員であった先生は羽田へ迎え迎賓館へ送ったその足で会場へ駆け付けてくれた。歴史に残る出来事の中、時間を削り先師への敬慕の念を尽くされた。日々政務繁忙の中の稽古は気を高めると同時に休める作用もあったと思う。いつのことだったか、夜半の十二時少し前のこと、家内が「園田先生から電話です」と起こされた。何事かと思って電話に出ると、居合に使う刀の鍔の大きさと重さを尋ねられた。とっさに「刀の長さ、重さによりますが」と似かよった例をもとに話した。思い付いたように時たまにこんな電話をいただいた。

先生の剣道は武骨で攻めが強く豪快だった。戦争で生き死にを経験し、覚悟の毎日を過ごしていたことから、自らの甘さを戒めるため朝五時に起き、眠い目をこすりながら自分に言い聞かせて稽古に出向き学んだという政治哲学。先生にとって私らが推察する以上に得るものがあった剣道。生意気なもの言いを許していただければ、政治家として生ききった七十年の生涯だったろう、と尊敬する。私の刀箪笥の奥に先生から拝領した刀銘〝宮口一貫斎恒寿〟の刀が静かに休んでいる。

ある刀剣の本の日本刀談義という目次の中の「名士と日本刀」という項目に「…園田氏の愛刀熱はもの凄く…」と解説されている。この刀、時折拝見して先生を偲んでいる。

園田直先生の後任
二代会長張東緑先生

園田先生が逝かれ二代会長は張東緑先生。その時六十歳、張先生は台湾台中市の出身。裕福な家庭で育ち戦前立教中学へ留学。剣道を始めて戦後も日本で生活された。戦争が終わって間もない頃、上野警察署の剣道場で先師と出会い稽古。あまりの強さに驚愕し弟子入りを決めたという。高野系の剣道を学ばれていた若き日の張先生。中山系の先師に師事するというので、仲間から止めとけと随分と忠告されたというが、意志は固く変わらなかった。その時二十五歳。基本的動作を高野系から学び羽賀理念の上乗せでまたたく間に剣道が変わっていった。体幹を崩さず中心を攻める強さは格別で老齢になっても変わらなかった。温厚で思慮深く後進の指導も熱心だった。

私が入門した頃、先生は東京のサマーランドの役員として故郷の台湾から熱帯の植物の輸入を手掛けていた。昭和四十二年にオープンしたこの施設で剣友の皆を何度も遊ばせてくれた。稽古は八十歳位まで続けられていたが、平成二十三年五月八十八歳の生涯だった。外国人の剣道家として日本文化の真髄を理解した希有な人だった。

先生が七十五歳になった平成十年。御自身が元気なうちにとのお考えで私が三代目会長となった。羽賀道場と銘打って活動を始めた昭和四十二年事務局をお願いした高橋さんは日本刀を自分で作りたいと刀鍛冶を目指し、四十九歳の時茨城県の刀匠常陽笠間

日本武道館の朝稽古で撮影された一枚。下の段右から張東緑、園田直、台湾の剣道連盟会長謝徳仁各先生と著者

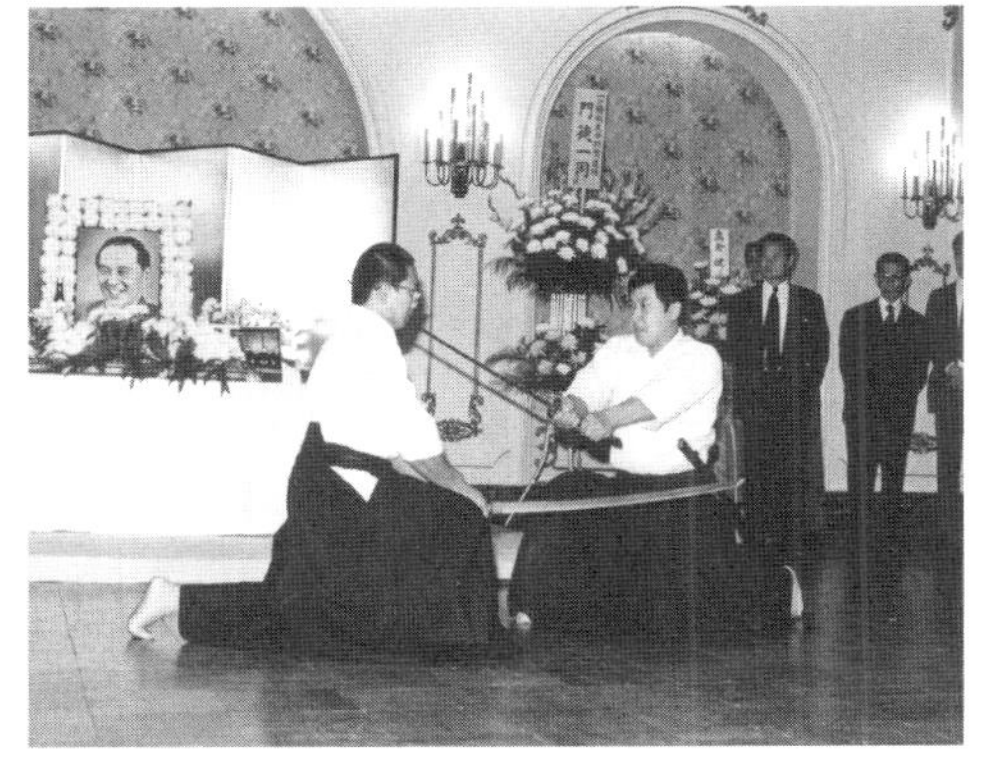
先師羽賀準一の十三回忌で組居合を演武する著者。背後には俳優高倉健氏の献花もみえる

住源正兼に師事。文化庁から作刀の承認を受けた。刀銘は蓬来利兼。昭和四十七年鍛冶場を東京都下五日市町に構えて移住したのを機に私が羽賀道場の事務局を任された。

二十三歳で始めた洋食店「広川」は右肩上がりの経済も手伝って順調だった。火木土日は朝稽古、月水金の朝は築地市場の仕入れ。お客さんは日本歯科大学の先生や学生さん。警察病院の先生や看護師さん。日本住宅公団本社東京支社の方々、等々。繁華街と違って日曜日は人影が少なくゆっくりと休めた。日曜を除いた六日間、お客さん次第で閉店が夜半になることもしばしばであった。こんな毎日であったが、朝稽古は若さもあって疲れを感じる等ということはなかった。開店時の費用は五年を経ることなく完済。勢いに乗って支店を勧める人もいたが剣道と日本犬の探求ができなくなるのでやめた。

お金に少し余裕ができて剣道具が欲しくなった。先師の梅田號はすでに無く、水戸東武館の隣の高山長吉さんの剣道具はどうかということになった。昭和四十八年三月塚越兄と伺い一分五厘の道具をお願いした。一式三十八万五千円。一年ほどで出来上がった。使い勝手はよくその後もずっと高山の道具を使っている。修理に出すこともあるが、返書に…先生の仕立直し良く仕上がりました。又ガンガン使って下さい。…三十年ほど昔のことだが自分が作る剣道具に絶対の自信を持っていた。こんな人今は少ない。磊落な人で懐かしく思い出す。

中国での演武と海外親善稽古の思い出

台湾生まれの張先生は生前「海を越えた者はひと味違う」と郷里の格言をよく引出していた。先師もそのことは意識していただろう。先の東京オリンピックが開催された昭和三十九年海外旅行が自由化されてすぐのこと。旧知の間柄であったロサンゼルス在住の森寅雄先生からアメリカの剣道を発展させたいのだが、誰かいないかとの話。一ドル三百六十円の時代、お金も掛かる。おいそれとはいかないが、家が裕福な塚越兄を、武者修業を兼ねて送り出した。彼は剣道は勿論、居合も大学生として確たるものを習得していた。ロスでは大歓迎されたという。庶民にとって飛行機に乗ってアメリカへ行く等ということは夢の又夢の時代、羽田空港へ友人達と見送った。海外に目覚めた塚越兄は日本の国立医大の学位を得た医師で台湾の剣道連盟の会長、謝徳仁先生と知り合い交流を深めた。私も台湾の剣道界の人達と行き交うようになり何度も渡台し稽古した。戦前の剣道を色濃く残していた。ある時、友人が教える子供達を連れて、台湾の少年達と稽古や試合をさせた。

台湾の少年達の大きく振りかぶったその勢いに日本の少年達は圧倒された。旅の疲れもあったのだろうが考えさせられる情景だった。その時のこと、日本側のパンフレットに〝台湾遠征の旅〟と印刷されたタイトルがあり、謝先生から「今後は使わないで欲しい」と。言葉の意味を考えれば当然のことであった。謝先生との思い出は多いが先生が胃癌になった。医師である先生は病状を自覚、来日されたある日のこと、園田先生に会いたいと言うので議員会館へ案内した。謝先生は「私の命、あと一年位です。お別れに来ました。」と病状を話された。潔い挨拶に私は言葉がなかった。

昭和五十五年一月、中国安徽省の省都、合肥の工人体育館で剣道と神道無念流五加を演じた。中国で剣道の紹介はおそらく戦後初のことだと思う。この催しは貿易視察団の一環として大学の剣道部の一年先輩の北村博昭さんの企画であった。戦後お父さんが鉱山の技術の重用で中国に残り帰国したのは小学校四年生だった。中国語が堪能で日中の掛け橋として活躍。剣道は時々朝稽古にみえていた。鄧小平さんと握手の写真があるほどで平和条約締結のとき民間レベルで剣兄の園田先生のお手伝いをされている。

昭和五十五年、中国安徽省の省都合肥の工人体育館で剣道と神道無念流五加を演じる。おそらく戦後初となる中国での剣道紹介だった

安徽省へはヂーゼル車で上海を出発、蘇州、無錫、南京を経て一日掛かりトンネル無しの行程であった。日本人というより外国人を見るのは初めてという子供達に珍しがられて次々と体を触られた。

平成九年六月、十日間の日程で張先生を団長に塚越兄達と共に、八名でアメリカ西海岸へ剣道親善旅行に出掛けた。ロサンゼルスでは今は亡き森寅雄先生のお弟子さんの江戸太郎先生、後に何度も来日され朝稽古に見えたキャサリン・ボーディン・シュタイン女史、ロスの剣道界を牽引する四海さん達が迎えてくれた。他の道場も訪問しての稽古は楽しかった。ロスの日程を終え、グランドキャニオン、ラスベガス等を観光しサンフランシスコへ移動、台湾の謝先生亡き後、アメリカで医師として活動する息子さんの家で暮らす奥様を訪問、旧交を温めて帰国した。

平成十六年七月芝浦工大時代からの剣友、野口さんと他二名の四名でドイツハンブルグへの剣道旅行。背の高い人が多く頭ひとつ位大きい。なのに小手先でちょこちょこ打ってくる。もっと大きな剣道をすれば、と思うばかり。居合も拝見、山なりの振り下ろし、いつ次の動作に入るのかと思うほどゆっくりの間。形式美の追求だけならよいのだろうが緊張感、迫力等まったくない。混乱しても気の毒と思い一応の説明に留めたが良き師に付くことの大切さをつくづく感じるばかりであった。帰路途中、学園都市ゲッティンゲンで日本犬の講習会を開いた。柴犬が五十頭ほど集まり盛会だった。

平成十年九月、藤田毅先輩と韓国蔚山の剣道場を尋ねた。子供を主体に教えていて送迎の立派なバスを備えている。職業として成立っているようだ。剣道具置場は整然としてたくさんの剣道具が見事に整理整頓されていた。世界中を見た訳ではないが、グローバル化した現代社会において剣道も例外ではない。上意下達の国もあれば自由な国もある。私は好きなことを好きにやれることが出来る気風のある社会が良いといつも思う。

世界チャンピオン プロボクサー具志堅用高との日々

昭和四十九年三月、具志堅用高が沖縄の高校を卒業して上京。協栄ジム所属のプロボクサーになった。私のところへ来たのは五月のことだった。ジムの金平正紀会長とは塚越兄を通じて交友があった。この年の春先、会長からインターハイで優勝した逸材がいるが預かってくれないか、と頼まれた。この社会は誘惑が多く途中で消える者もいて心配のないところへ住まわせたい、というのだ。その時私は三十一歳、商売も順調で他にも剣道の後輩達が寄宿していることもあって借り上げているアパートで住まわせることにした。筋骨たくましい青年を想像したが五十キロそこそこの素朴な青年だった。目標は世界チャンピオン。彼の一日は朝のロードワークに始まる。アパートを出て皇居を一周、店が休みの時は走ったその足で武道館で私達の稽古を見学。普段は昼食タイムで店を手伝った後、代々木の協栄ジムへ。彼の練習を時々見たが、強烈に動き、半端でない集中力、成すべきことを続けて世界チャンピオンになった。世界戦十三回連続防衛は今も日本記録。勤勉で実直、手を煩わせることはなかった。

彼がプロ入りしてすぐのこと、セコンドに付いて欲しい、と頼まれセコンドライセンスを取った。三分間のラウンドが終わって、コーナーに戻る時彼は必ず私と目を交わす。このアイコンタクトは試合中のストレスを休める効果があったらしい。ボクシングの技術は別にして、気攻め、気当たりは剣道と通ずるものがあると

昭和五十一年具志堅用高氏が初の世界戦タイトルを獲った際、著者はセコンドに。KOの瞬間リングに駆け上がりかつぎあげた様子は冊子の表紙にもなった

よく話題にした。

昭和五十一年彼にとって初の世界戦、第七ラウンドでKOした瞬間我を忘れリングに駆け上がりかつぎあげた。この感激は今もって忘れられない。YouTubeに映る若い彼と私の姿を時々楽しんでいる。時が経ち平成二十八年二月具志堅夫妻の招待で彼の郷里の石垣島へ家内と私、四人水入らずの旅行を楽しませてもらった。これからも良い関係が続きそうだ。

平成十五年七月山本寛斎さんのスーパーショウ、アボルダージュ（接舷攻撃）の出演依頼があった。新選組副長土方歳三をテーマにした活劇で、新選組隊士に扮して居合と竹を斬る設定。九名の参加を決め寛斎さんにも試し斬りを経験してもらった。主演の哀川翔さんにも刀法を助言。呑み込みの早さは流石である。平成十六年七月日本武道館のアリーナ全面に水が張られ四方からの花道。中央に高さ一・五メートル、六間真四角の舞台。三日間で五回の公演は延べ五万人。観客の目の前で居合と試し斬りの演武、幕間の空き時間、刀の斬れ味や斬り込み角度等、幕末の隊士の心情を推し計りながらの会話は楽しかった。

平成十五年山本寛斎氏のスーパーショウへの出演依頼があった際、寛斎氏自らが道場を訪れ、試し斬りを経験

藍綬褒章を受章
日本犬の保存・普及の功績

ここで日本犬のことについて触れておきたい。店をやりながら剣道と日本犬の探究を両立させていた毎日。日本犬保存会に入会して十八年後、審査員になり東京支部の事務所も引き受けた。そんな中で昭和六十二年七月、店は妻にまかせて職員二十五名余りの事務局長に就任した。会社勤めの経験はなく脱サラの反対でその時四十四歳だった。日本犬保存会は昭和六年から十二年にかけて国が天然記念物に指定した日本犬（柴犬・紀州犬・四国犬・甲斐犬・北海道犬・秋田犬）の保存と関連する展覧会（ドッグショー）と血統書の発行が主な事業である。事務局へ入り三十年間、朝稽古の後、武道館からお茶の水の事務所までの約二キロをスクーターで通った。

私が事務局入りした翌年警視総監を退官後参議院議員の下稲葉耕吉先生を会長に迎えた。以来二十八年間在任されご指導をいた

著者が専務理事などを務めた日本犬保存会の会長として警視総監などを歴任した下稲葉耕吉氏を迎えた。剣道談義を行なった思い出も

だいた。人を導く為にこの世に生を受けたのだろうと思うこと度々で法務大臣も務められた。会長が警視庁に勤務していた時のこと。自らは剣道五段。森島健男主席師範に「剣道の試合は三本勝負だが警察官は最初に一本を取られてしまったら後が無い。一本勝負の気持ちが大事だと、森島君に話したことがあるよ」と笑いながら話されていた。御二人とも今は亡い。ちなみに昭和四十四年から五年間講談社の野間省一社長が保存会の会長を務められていた。

　私は平成十八年専務理事に就任。公益法人の大改革では平成二十三年公益社団法人の認定を受けることができた。平成二十八年日本犬の保存活動により藍綬褒章を受章、家内と皇居へ参内した。保存会の役員は七十五歳で退任したが会員は続けて五十九年となった。日本犬の仕事で妻に任せた広川は平成十八年十一月、地域の再開発で四十年間の幕を下ろした。

　日本犬の組織から離れ毎日が日曜日。思い出すのは五歳下の植原静樹の急逝である。平成二十五年八月の夏合宿。普通に稽古を済ませ談笑していた時のこと私の肩に急にもたれかかった。異常を感じ救急車を依頼。車中意識を戻したがその晩帰らぬ人となってしまった。子供の頃からの剣道仲間だった。一流企業に勤めたが教師になりたくて私のところで浪人生活。初志を貫いた。大き

子供の時からの剣道仲間・植原静樹氏は平成二十五年八月の夏合宿で急逝

くまっすぐでごまかし、はったりのない手本になるような剣道、惜しい人物だった。

十四歳で始めた剣道は中断することなく続けて六十四年、不思議と限界を感じることはなかった。あきらめたらそこで終わり、理屈抜きで剣道が好きだった。稽古できる事が幸せなのだ。歳を重ねて筋力の衰えは如何とも仕難いが、氣力は未だ充分。先師が終生求めて遺した剣道への想いを魂の遺伝として受け継ぎ次世代に繋いでいかなければといつも思う。私が知る限りでも剣道は今、様々に変化している。現代に育つ若者達の感性を無視することはできないまでも剣道の本質的要素は優先して継承されなければならない。先師は個々の気構え、力量に適した剣道、居合の指導をした。だから皆それぞれが異なった微妙なニュアンスを持っている。この集合体が羽賀道場だ。この理念に自信を持って稽古に励むことが肝要。少数であることを怖れずこれからも道統を遵守し先師の剣道理念を後世に伝えるべきことが私に課せられた責務と信じて稽古を続けて行く。

究極の剣尤尋ね幾千秋、精錬の意想、極楽の日日。

第四部　羽賀準一語録

羽賀準一語録1

技は春先、冬は気の稽古を求めよ

万物が芽吹くときにあたらしいことをはじめ、万物が枯れるときは地に根を伸ばす。自然にさからわない活動が必要であると先生から教えられました。

中山博道先生は、稽古を終えると門人と車座になってお茶を飲み、剣道の話をいろいろとしてくださったそうです。羽賀先生も師匠のそういうところを受け継いで、神田一ツ橋で朝稽古をしていた頃は、稽古のあと喫茶店や先生の営む剣道具店で朝食をとりながら、いろいろな話をしてくださいました。

このお話もそのとき教えていただいたものです。新しいことに挑戦するには寒くない、気持ちが外に向かっていく陽気が望ましく、冬場は気温も低いので臥薪嘗胆ではありませんが、じっと気を錬る稽古を求めよというものでした。

一、健康で心と身体が柔軟なこと。

一、腰を入れて仕事に全生命を打ち込めること。

一、打たれ突かれて反省の習慣を身につけること。

一、いかなる困難にも負けない強い魂を養うこと。

一、臨機応変の処置ができて、誠実勤勉な心を養うこと。

一、他人（国をふくむ）のために尽くして悔いのない人世の勉強をすること。

一、無欲に徹する剣道をすること。

羽賀先生は以上のように剣道を学びたいと考えていました。このような道を求めて行なう剣道は、いつの時代にもやる値打ちのある剣道ということができ、大いに推奨したいと述べていました。

いまも羽賀準一の精神を受け継ぐ一剣会羽賀道場の会員たち　http://haga-dojo.operacity.com/index.html

羽賀準一語録2

左右の横面打ちは剣道の幅をもたせる

現代剣道においては直線的な動きが主流になり、背の高い剣士が有利になりつつありますが、左右の動きがあってこそ剣道に幅が出てくると思います。片手横面は、身体で覚えなければならない技だと実感しています。理屈ではなく、身体で覚えさせないとスムーズにはできないのです。

羽賀先生は面打ち体当たりとともに、片手横面の切り返しもくり返し稽古するように指導されました。この左右の横面を覚えると相手の攻撃をかわしてすぐに反撃できます。そのような意味で幅をもたせると述べていたのでしょう。

左横面は相手が突きにきたところ、相手がさがって距離ができたところなどが打突の好機です。一方、右横面は相手が出てきたところ、鍔ぜり合いからなどが打突の好機です。

羽賀先生は若いときに一つでも多く技を覚えることを推奨していました。剣道の打突部位は面、小手、胴、突きの四種しかありません。これをさらに狭めるのは剣道を標準化・規格化・統一化してしまうことにつながることを危惧されたのかもしれません。

羽賀先生が入門した有信館は突き、横面、体当たり、足がらみ、組み打ちなどが盛んに奨励され、どちらか一方が「参った」というまで続けられたそうです。竹刀を執った格闘技といったほうがいいかもしれません。

胸部に疾患をかかえたまま修行をされていたと『羽賀準一剣道遺稿集』にしるされていますが、相当な覚悟のもと稽古に励まれていたのでしょう。有信館入門後、自在な足の運び、見事な手の内を身につけ、面・面・胴・胴と四つほど続けざまに切り返すことができるようになっていたそうです。

芝浦工業大学の合宿に参加した在りし日の羽賀準一（写真右）

われわれ門弟はとうていおよびもしませんが、その精神は大事にして技の工夫、稽古の工夫をしていきたいと考えています。

羽賀準一語録3

試合がこう着してきたら大技を遣え

わたしは大学に入学した昭和三十七年四月に羽賀先生の国民体育館の朝稽古に通い出しました。高校時代、インターハイ出場を果たした当時、速さと巧みさの剣道にどっぷりつかっていましたから、百八十度違う、羽賀先生の教えにはさすがに戸惑いました。「試合がこう着してきたら大技を遣え」という教えも、最初は意味が理解できませんでした。しかし、思い切って捨てて打てば道は開けるわけで、「人生も同じ。自分のことばかりを考えていてはいけない。自分を捨てろ。それが勝つ秘訣だ」と教えていただいたときは、なんとなくですが、伝わるものがありました。

捨て身という言葉は、剣道に限らず世間一般に広く使われていますが、無謀と捨て身はまったく違います。剣道を例にとると、相手と対峙しているとき、相手の剣先がきいているにもかかわらず、遠間から大きく振りかぶって打っていき、突かれるのは捨て身とはいえません。

捨て身は結局、心の問題になると思うのですが、昨今のように何事も人のせいにするような風潮を考えたとき、自己の確立の大切さと先見をもって明示し、「自分のことばかり考えていては敗者になる。自分を捨てろ」と、そのあたりをご指導いただいたものと考えています。

羽賀先生は「大学で指導すべきは心の問題である」と日頃からとなえていました。「大学に入学と同時に心の問題に取り組んで、静中動、動中静、呼吸などの重要な問題を勉強して社会の一員となり、実社会の勉強をなし、それまで学んだ剣道を生活で試し、生涯にわたって人間的勉強をすることこそ、真の剣道を学んだことになる。剣道は動禅である」と強調されていた

昭和30年、印刷局剣道大会にて。写真左から鶴海岩夫、羽賀準一、小椰敏、４人おいて渡辺敏雄

ことを覚えています。

「試合がこう着したときには大技を遣え」の教えの根底はそこにあると考えています。

羽賀準一語録4

朝は英気、昼は惰気、夜は鬼気

羽賀道場では週四回、火曜、木曜、土曜、日曜の朝稽古を定例としています。昭和二十八年、全日本剣道連盟が発足し、まもなくして千代田区神田一橋にあった国民体育館で稽古会をはじめました。当初は毎日、朝稽古を行なっていたようですが、わたしが通いはじめた昭和三十七年頃はすでに羽賀先生の単独指導で週四回の稽古が定着していました。

このように羽賀道場では朝稽古をもっぱらとし、先生自身は豊島区雑司ヶ谷の自宅を早朝に出て国民体育館に寄って稽古、そのあと店舗に行って仕事にたずさわるという生活をされていました。

「朝は英気」といわれたのは、早朝の稽古は自分の覚悟さえあればだれでもが参加できる時間帯であり、「朝は自分の心構えさえできていればできないことはない」と羽賀先生は説いていました。昼間や夕方は仕事の都合で稽古時間を捻出することはなかなか難しいものです。しかし、朝稽古であれば前日のスケジュール管理さえしっかりしていれば稽古は可能です。

「朝は英気、昼は惰気、夜は鬼気」といわれたのは、そのあたりからではないでしょうか。

「よこしまなことを考えるのはつねに夜だ」と笑いながら話されていたのをいまでも覚えています。

芝浦工業大学剣道部に師範として迎えられる。写真中央が羽賀準一。右から３人目が範士十段大麻勇次、４人目が範士八段渡辺敏雄

羽賀準一語録5

心で応じて打たせて褒めよ

古くから切り返しでは「切り返し十徳」「受け八徳」といわれるように元立ちにも重要な役割があるのは周知の通りであり、元立ちの実力によって稽古を願う側の上達度が大きく変わってくることはいうまでもありません。

「元に立つときは命をかけて立つものだ。どこを打たれても文句を言ってはならない。打たれるのは未熟だからだ」

羽賀先生は元に立つときの覚悟を右のように説いていました。下の者と稽古をするとき、気を抜いた稽古をするのをとくに嫌がり、「上にかかる以上に気を張れ。そして、これはという打ちを出してきたときは、心のなかで応じ返して、最後の瞬間にパッと打たせ、褒めるような稽古をしなさい。そうすれば自分も上達する」と加えました。

これは口でいうのは簡単ですが、容易にできるものではありません。羽賀先生は学生のやる気を引き出すような稽古を常にされ、稽古で息を上げさせても、心をずたずたにするようなことは決してされませんでした。

羽賀道場では毎年八月末に夏合宿を行なっています。一年に一回、仲間たちと同じ釜の飯をたべ、剣道についてじっくりと話し合う合宿です。稽古も時間をかけて行なっていますが、羽賀先生はどんな気持ちで元立ちをつとめていたのかを考え、稽古をしました。

8月26日、27日に行なった一剣会羽賀道場の山梨合宿の参加者

羽賀準一語録6

真剣への接し方が竹刀の手入れにも反映する

昭和二十九年十月、羽賀先生は剣道具の老舗「梅田号」を再興し、千代田区神田多町に店舗を構えました。剣道具店を営むような先生ですので道具への愛着は人一倍ありました。

その頃の竹刀はすべて国産で「国義」という銘柄を使われていたと記憶していますが、いまのように簡単に入手できないものでしたので大切に使われていました。

羽賀道場では居合は真剣で行なっていることをご紹介しましたが、そのこともあり、道具は大切に使うことを強調されていました。真剣はあつかい方を誤るとときには命を落とす危険性があります。自分はもとより、まわりで稽古する人びとをふくめ怪我のないよう細心の注意を払うべきと教えられました。そして、刀を大事にあつかうことが、自分の竹刀、そして剣道具の手入れにも反映してくることを説いていました。

われわれは自分のいちばん好きな剣道を日々、させてもらっています。であるならば自分が購入できる範囲の品で最高、そして大事にできるものを使うべきと考えています。

剣道具は一般的に宝暦・明和年間に生まれたといわれますが、江戸時代の中期頃までには、ほぼ現代のものに近いかたちにまで改良されていったそうです。羽賀先生は職業柄、剣道具についても相当な知識を持たれていましたが、文化の発達した現代において美しく安価で堅牢、そして使用に便利な剣道具を考案されることを望まれていました。それを町の剣道具屋さんだけにまかせず、剣道愛好者であるわれわれも考案し工夫することを願っていたのを、いまでも覚えています。

昭和29年に開いた店舗にて。右は妻良久子

羽賀準一語録7

正しい姿勢、正しい呼吸

「ハッとしてはいけない。呼吸が止まれば死に体だ」。羽賀先生は姿勢と呼吸についてはおりにふれて教えてくださいました。人間、驚いたり恐れたりすると呼吸が乱れるものです。これは人間の仕組みであり、仕方のないものです。しかし、ハッとした時間は努力により短くすることはできるものです。それが稽古です。

剣道を学ぶには姿勢を正しく保つことから習います。姿勢とは文字のごとく姿に勢いのあることです。無理な姿勢で長年稽古すると、筋肉のつき方が片側に偏して、生まれながらの身体とはかなり異なった姿になりますので、平素の姿勢には充分に注意しなければなりません。呼吸も正しい姿勢でなければ腹式呼吸はできにくく、下腹に気を入れて呼吸するには、姿勢が悪くては不可能です。

剣道の稽古の場合、基本動作の段階を終えると打ち込み・掛かり稽古に入るのが一般的です。ここで充分に腰の入った打突ができないと、基礎が身につきません。「腰の充分に入った打ち込み、体当たりをくり返すことが大切である」と話されたことをよく覚えています。

羽賀準一語録8

面は技の根幹である

面は技の根幹です。正面攻撃で正々堂々の攻撃法です。面を打つ機会はいろいろありますが、大きく分けると、相手が引くところ、出ようとするところ、居ついたところなどです。これらはいずれも大きく強く思い切って打ち込まねばなりません。羽賀先生が「技の根幹」としてい

昭和33年５月、門下生とともに京都武徳殿を訪れる

済寧館での様子

たのはそのためです。

変化の技としては、小手を攻めて相手の防御心を小手に誘って面の隙に打ち込む、突きとみせて面を打ち込むなどがありますが、いずれも色を見せるような攻めでは相手と実力差がない限り、まずは通用しません。

書道では「永」の字を書法の基本とし、稽古していきますが、剣道では「面」を基本とし、そこからの変化が小手、胴、突きであると羽賀先生はとらえていました。

羽賀道場では、面打ち体当たりをくり返し、崩れない姿勢を身体に覚え込ませることを基本としています。学生にはとくにその稽古を推奨し、わたしも足腰がふらふらになるまで面打ち体当たりをくり返していました。

面は四つの打突部位でもっとも遠い位置にあり、とらえることが難しい部位です。大きく強く思い切って打たなければならず、これができれば自然、他の技は覚えられるのです。

羽賀準一語録9

脳髄、内臓を圧迫するのが気当たりである

一剣会羽賀道場の前会長の張東緑先生は、羽賀先生の攻めを「睾丸が縮み上がるほど」と表しました。張先生は終戦後、上野警察署で羽賀先生と出会い、生涯にわたり稽古をいただいた方です。終戦直後といえば羽賀先生は三十歳の後半、脂の乗った時期であり、その烈しさも我われが稽古をいただいた頃とは違う厳しさがあったのでしょう。

剣道では「勝って打て」といわれますが、この「勝つ」が攻めです。そして攻めの基幹となるのが気であり、まずは気当たりで相手を動かすことが求められます。打突の機会をつくるということは、積極的に隙を求めることであり、相手の変化や崩れを求めることです。相手が自然に崩れるのではなく、相手を変化させる、崩すという働きが重要となります。

昭和34年１月、朝稽古新年会。張東緑前会長の中華料理店にて

羽賀先生はどんな相手でも気の抜いた稽古はせず、相手をあしらうような遊び稽古はしませんでした。稽古時間が居合をふくめわずか一時間ということもありましたが、ここで全身全霊をぶつけることを求めていました。

脳髄、内臓を圧迫するような気当たりと表したのは、そのくらい烈しい気魄がなければ相手は動かないということを説いたものだと理解しています。

羽賀準一語録⑩

地から響くような声が気合である

口を大きく開いて声を出すのがかけ声、奥歯をかみしめて声を出すのが気合、羽賀先生は気合とかけ声を分けて考えていました。かけ声は胸式、気合は腹式という理解だったようです。

剣道で大切なのは腹から出す声ですので、ここでは気合が大事になります。気合と気力の充実は密接な関係があり、心気力が充実すれば自然発生的に声が出ますが、腹から出ている声は裏がえることはありません。羽賀先生は裏がえる声について厳しく戒めていました。

低く鋭く、かつ厳しく充実した声を出せたときには気勢も同じように作用します。反対に、間が抜けて張りのない声のときには気勢も乗りません。声は自分の態勢や調子を整えるのに大いに役立ちます。声を意識して活気ある稽古に努めることが大切です。

声は有声から無声へといわれているように有声なしに無声には移ることはできません。しっかりとした気合のかけかたを日々の稽古を通して覚え、歯切れのよい打突を身につけることが剣道上達につながるのです。

羽賀先生は「地から響くような声が気合だ」と言っていました。確かにそのような声は腹に力が入るものです。

昭和33年6月、神田一ツ橋国民体育館での朝稽古

羽賀準一語録11

スピードには限界がある

剣道の技は、構え、攻め合い、打突の機会と技の選択、有効打突、残心という流れで考えられます。一連の過程のなかで重要となるのは気剣体が一致した見事な一本ということになりますが、身体が動く若年ではスピードとタイミングに頼った打ちでも、見事な一本を決めることは可能です。また、それが大きな武器でもあります。

しかし、人間は加齢とともに体力は衰え、スピードはなくなっていきます。羽賀先生は「人間は歳をとる。はやくスピードに頼った剣道から離れ、五年、十年先を考えた剣道をせよ」と常々いわれていました。

高校時代、いかにして相手の打突部位を速くとらえることに努力してきた自分にとってそれはカルチャーショックでもありました。

しかし、加齢とともに確かに身体は動かなくなります。それを補うのは気当たり、間合、竹刀操作といった経験と技術の積み重ねです。これが優れていれば親子ほど年齢が離れた相手でも充分に稽古をすることができます。

羽賀先生は剣道を人間育成に重点を置いて指導していました。とくに生涯にわたり続けられる剣道を求めていました。それが「スピードには限界がある」というお言葉にあらわれていると思います。

羽賀は「スピードに頼った剣道はいつか限界がくる」と説いた

羽賀準一語録⑫

一年三六五日、これが大事

「試合は一年に数回、たしかにここで結果を出すことも大事だが、一年三六五日をいかに生きたかはもっと大事だ」

朝稽古終了後、先生の武道具店でお茶をいただいているときの言葉です。春は技の稽古、冬は気の稽古、身体づくりの稽古と四季に応じて稽古は目標と課題が変わってきます。万物が芽吹くときには気温も温かくなり、身体も動くので、新しいことに挑戦しやすくなります。一方、冬場は身体が動きにくいので基礎に戻り、地に根を伸ばすような基礎訓練が適するのです。

この一年間の稽古をしっかりと確実に学ぶことが大切であり、それができていれば試合等でも成果は出るはずです。羽賀先生は常に「社会に通用する剣道」を求めていましたので、経営と同じく薄紙を一枚ずつ重ねていくような生活様式を求めたのかもしれません。

「技は大技を遣え、小技はいつでも覚えることができる」「正しい姿勢、正しい呼吸」などお亡くなりになるまで数々の教えを受けましたが、根底にはまっとうな人間になること、それがありました。

羽賀先生との出会いは偶然でしたが、お亡くなりになるまで、その教えを受けられたことに、いまさらながら感謝しています。

昭和38年、神田一ツ橋の国民体育館で行なっていた朝稽古。白胴着・袴姿は現防衛大臣の久間章生、右隣は筆者

あとがき

かの時々の決断で今の私がいる。戦後学校剣道が解禁され私の中学でも剣道部が復活。友人に誘われて始めた剣道。終生続けるとは思いもしなかった。今思えば最初の大きな決断であった。中学、高校と剣道部に所属し昭和37年（一九六二）大学入学のため上京。剣道部に入るとともに先師羽賀準一に弟子入りした。先師は戦後剣道の復活に奔走し全日本剣道連盟が発足したとき組織に入らず市井の剣道家として己の剣道を貫いた。私が入門したとき先師は50歳の初めであった。大きく振りかぶり面打ち体当たり。正しい姿勢、正しい呼吸、今までの勝負一辺倒の剣道とは異なり根幹から作り直す原点を思わせる基本技であった。先師の教えは新鮮だった。勝ち負けでない攻守両面にわたり崩れない体勢であることの大切さ。単に打った打たれたという所作ではないのだ。その教えを受けた五年間余りその後の人生を決める程の大きなものがあった。そして思わぬことがおきた。先師が早世してしまった。主柱を失しない弟子が集まり衆議一決。稽古会の存続を決めた。名称は一ツ橋剣友会（後に一剣会）羽賀道場。初代会長は高弟の園田直（外務大臣、官房長官等歴任）。攻めの強い剣道だった。二代目会長は張東緑。戦前台湾から留学、戦後すぐ先師に師事、やはり攻め強く実業家でもあり人格者であった。その後を私が継ぎ道統を守っている。

江戸時代数多のグループがそれぞれの流派を唱え切磋してきた剣術は廃刀令により衰退した。それでも先の戦争前までは少しの流派は残っていたが戦後剣道は統一され個性のある剣風は消去され大きなひとつの流れになった。勝ち負けが優先し武道としての精神性は稀薄になっている。学生時代が終わると勝負の場は極端に減少する。その目標のなくなりは一般剣道家の減員の要因のひとつにも数えられるだろう。本来の剣道のおもしろさを学んでいなかったのだ。

中学の頃からの剣道と同時進行していた日本犬はその思いもつのり上京後その組織に入った。保存活動も先師の理論から成り立ち攻めと守り崩れない態度等々、社会生活においてもその教えは有意義なものだった。これについては『平成の日本犬』というタイトルで今春出版した。

八十路を越え過去その時々の決断を回顧すると思いは錯綜する。全てが正しかったとは言えないまでも良かったと思想する。剣道を始めたこと、大学を卒業後すぐに結婚、就職せずに起業したこと、途中その仕事を妻にまかせ、44歳で（公社）日本犬保存会の本部組織に入り75歳まで役職勤務したこと等、与えられた能力を一杯に使えたかどうかと年を経て思うが、好きなことをしてきた六十有余年妻には感謝している。

剣道と居合は絶え間なく続け老衰の背を見せながら稽古に励んでいるが折々に綴った剣道への想いを一冊にまとめた。この本が少しでも後進の参考になれば幸いである。

八十路まで　剣の奥義を　極めんと　続け続けて　道なお遠し

令和五年、八十歳を越えた初夏に記す。

卯木照邦

先師存命中、国民体育館で私が稽古をお願いした方々。（物故者含）
○印は現在も続けられている方。順不同。
阿保建治、○今井良一、市川保雄、伊藤恵造、○大畑宗郷、梶木達雄、葛城庸信、久間章生、窪田隆、北村博昭、久保田忠夫、近藤典彦、園田直、高橋誠也、高橋忠男、高橋利雄、谷信一、垂水勇、張東緑、塚越健二、辻村祥典、徳島佐太郎、永井徹、○野口貞夫、羽賀忠利、○藤森将之、藤田毅、古川直光、三宅やゑ子、村山正佳、山田和男、山田シズ子（薙刀）

一剣会羽賀道場発足後稽古に参加された主な方々。
浅野裕司、天野迪弦雄、有薗芳章、有本勝、飯村郁男、池田馨、石橋和夫、伊藤大翔、植原静樹、浦瀬文明、衛藤史朗、大石達博、大崎保、大谷啓之、大山紘範、小川了三、翁明博、荻野忍、加藤利雄、加藤真美、鎌田春三、カルロス・ジミー、川田誠一、河原清、楠本秀和、熊田佳道、黒滝慶喜、小島久光、小西孝尚、斉藤正毅、才門功作、酒井富士男、佐伯昇、嶋田一彦、清水直子、瀬賀隆、高橋進、東原克美、對馬繁雄、土屋智弘、角田泰基、照山次男、東海林芳典、中川太介、中平校二、中野豊、新納薫、長谷川僚、波多野弘芳、羽生壮史郎、東智宏、ピッチフォード・ケン、藤森裕将、堀口定、増川吉夫、丸屋宏幸、三橋康央、皆川滋水、村上安、望月秀文、森岡将史、李涛、和田恆明、以上。

列記した以外にも多くの方々が参加されている。

初出

本書の記事は、羽賀準一と居合を除き、剣道時代に掲載されたものです。

羽賀準一の剣道秘訣　剣道時代２００６年７月号～２００７年６月号
羽賀準一と居合　かきおろし
対談小林英雄範士　剣道時代２００９年３月号
剣士たちの戦後　剣道時代２０１５年12月号
羽賀準一が追究した気の剣道　剣道時代２０１７年10月号
剣道自分史　剣道時代２０２１年４月号～６月号
羽賀準一語録　剣道時代２００６年７月号～２００７年６月号

[著者略歴]

卯木照邦

うき・てるくに／昭和18年、群馬県高崎市生まれ。高崎商業高から法政大に進み、剣道部に所属するとともに神田一橋の国民体育館（現共立講堂）にて羽賀準一の指導を受ける。以来、羽賀が没するまで師事、没後も羽賀道場で稽古を続け、初代会長園田直氏、前会長の張東緑氏らに続き、現在三代会長をつとめる。平成28年藍綬褒章受章

http://haga-dojo.operacity.com/index.html。

昭和の鬼才 羽賀準一の剣道

令和５年９月25日　第１版第１刷発行

著　者——卯木照邦

発行者——手塚栄司

組　版——株式会社石山組版所

編　集——株式会社小林事務所

協　力——土屋智弘

撮　影——徳江正之、杉能信介

発行所——株式会社体育とスポーツ出版社

〒135-0016　東京都江東区東陽2-2-20 3階

TEL 03-3291-0911

FAX 03-3293-7750

http://www.taiiku-sports.co.jp

印刷所——図書印刷株式会社

ISBN978-4-88458-440-5　C3075　Printed in Japan